京名所
町
店
広重画

新規造掛
永代橋
往來繁華
佃海沖遠
望之圖

东京历史迷走

A STROLL
THROUGH
HISTORY OF
TOKYO

胡川安 著

上海教育出版社

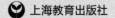

目录

A Stroll Through History of Tokyo

推荐序

太平之都的浮世指南

城市是个巨大的有机体。

不管是东京还是京都，由自然景观和人造物组成的城市其实都有着自己的心跳声。如果只从空间和建筑去鉴赏一座城市，就不免忽略掉它“最美的风景”——居民们在这个地方的生命轨迹和时间的堆积。

因为有历史，每座城市才得以散发出属于她的独特魅力。而川安的《东京历史迷走》，就是探索东京生命律动的最佳指南。

其实这本名为“迷走”的书一点都不“迷”。顺着空间和历史的足迹，川安诉说着一个一个动人的故事。在这本书里，你可以认识到江户的浮世美学、文明开化的乐天主义与和洋折衷，甚至是战后至今的现代化的美丽与哀愁；可以从最生活的居酒屋文化与和食演进，谈到都市美学与政经脉络。这部自谦为“迷走”的东京文本，其实带给读者巨大的知识量，却又让人欲罢不能，像是一场用文字把阅读者带入这个巨大都市舞台的华丽魔法。阅读完这本著作，你会发现不论是在学术根据的支持度上，还是内容的丰富和论及主题的广泛上，《东京历史迷走》这本书作为“知性娱乐”的功能都被发挥得淋漓尽致。

我曾经听台湾的出版业界说过：“在台湾地区只要出日本相关的书籍就不会没有市场。”的确，台湾人对于日本的亲近度和好感度可能是世界之冠。而东京与京都这两个日本最具代表性的城市更是出书时的“铁板”，也因此台湾坊间充斥了许多东京、京都甚至其他城市的游记与介绍书。但是作为一个日本研究者兼前居住者，我总觉得大部分的相关书籍只把重点放在吃喝玩乐上，甚至“去哪里买东西好”之类的资讯。

在这个凡事问网络，只要一开手机就可以找到众多热心人士分享东京景点、美食、购物情报，而且还都是中文的时代，你为什么要为一个城市去买一本书？

因为你想听见她从诞生以来脉动至今的心跳声。

当然，不是说每个人去玩都得假装自己是文青，不买东西、不吃美食，就拼命找“黑黑臭臭”的古迹自拍，或是坐在青春留在上一次东京奥运会的老板娘的破旧咖啡厅里感叹人生才可以。但是只看到东京的浮光掠影，就真的太辜负这个城市的数百年风华了。

深和浅，日常和文化艺术，这些元素组合起来才是完整的东京样貌。川安的这本佳作除了告诉你，从东京就可以望见的富士山对于日本人的意义，三菱财阀在东京的首都富贵浮华烟云，也告诉你从时尚高雅的银座到下町人情的浅草，你可以去哪里玩、吃什么好吃的。从美景到人文，从思想到饮食，《东京历史迷走》描写了这个城市完整的风景。

虽然比起京都，东京作为首都的“年龄”似乎年轻许多，但是京都这个千年古都经历了好几次毁灭性的灾难。事实上，在漫长的历史中，京都的天灾人祸真的不计其数。但是从江户时代以来，除了关东大地震和“二战”时来自外力的轰炸之外，东京还真的享受了四百年的太平时光。也因为有这段太平的岁月，东京蓄积了许多以平民和中下级武士生活培养出来的“粹”文化。从封建到开国，从文明开化再到经济大国的过程中，东京这个川安笔下“浮世”哲学的舞台，随着岁月的轨迹留下了一个个引人入胜的人文风景，等着看完这本书的读者们到访。

最重要的是这本书真的好好看。（笑）

蔡亦竹
实践大学应用日文系助理教授

冨士三十六景
相模七里ヶ濱
廣重画

序

城市漫游者的历史穿越

二〇一三年，我从静冈的清水，一个距离东京西南一百七十公里的地方，上了渡轮，穿过骏河湾，前往伊豆半岛。一月的海风袭来，有点冷冽，但天气十分清朗。当我走出船舱，映入眼帘的是清晰的富士山，一座海上浮起的圣山，同时倒映在沁蓝的海水中。眼前的景色太过秀丽且神圣，让我明白了富士山成为日本人信仰中心的原因。

隔年我到了日光东照宫，一个离东京北部一百五十公里的地方，是江户幕府创建者德川家康的陵寝。东照宫金碧辉煌的建筑、精工细作的雕刻，展现出江户时代工艺的极致。江户（即东京）为德川幕府的根据地，日光山位于江户北方的轴线上，北方为北极星（帝王之星）的闪耀处；而如果从德川家康最早的根据地久能山拉出一条东北轴线，中间穿过富士山，与江户北方的轴线交会之处即日光山。

富士山和日光都不在东京，但两处都是东京神圣且不可分割的部分，前者是东京的中心，后者是东京的结界，为什么呢？读者看完本书就知道答案了。

这是一本由地理空间缀联起来的东京史，通过一个个场所，包含车站、寺庙、街区、花园、坟墓、居酒屋、富士山、皇居、明治神宫、博物馆……串联起东京的历史、文化和城市变迁，讲述东京的故事。

我们习惯以时间为主轴，通过时代的演变讲述历史的变化，却让人无法亲近。本书中的所有场所，目前仍在东京，而且可以拜访、可以参拜、可以散步、可以饮食，我们可以通过这些场所，将一则则故事与东京的发展联系起来。

东京的前身是江户，德川幕府于此定都后，制定“参勤交代”①的制度，要求各地的诸侯大名上京，因此整备交通，大兴土木，使得江户成为全日本的政治、经济和文化中心。年轻的江户和优雅的京都相较，没有那么拘谨、婉约与内敛，而是生气盎然、活泼、奢侈、大气和豪迈，用日文来说，就是“粋”（いき），也可以用汉字表达，即“意气、生”。居民的生活态度和蓬勃的商业都展现了江户的活力，从目前的浅草寺、日本桥、六义园，或是流传下来的浮世绘和饮食习惯，都可以看到城市的风格

① 参勤交代：江户时代，各藩大名要前往江户替幕府将军执行一段时间的任务，然后返回自己领土执行政务。

依然顽强地传承着。

时移世易，随着黑船驶来，日本逐渐现代化、西洋化，主张脱亚入欧，高楼大厦盖起来了，城市生活也发生剧变。江户时代的文化虽然部分留在东京，但更多的是最近一百五十年的发展。富士山、皇居、东京车站、明治神宫、代代木体育场和东京铁塔，展现了每个时代城市发展的象征。皇居具体而微地说明了天皇东迁的历史；明治神宫呈现了日本追求现代与传统间的平衡；第二次世界大战后的城市发展，可以清楚地从代代木体育场和东京铁塔的建设看到；而东京车站的拆除与保存，则表现了新世纪城市记忆的复苏……

我喜欢一步步走过东京街巷，在散步中感受城市的肌理，理解过去与现在的交叠。熟悉日本文学的作者都知道东京的“散步文学”，从永井荷风、川本三郎、池波正太郎、大佛次郎和司马辽太郎等作家以降，对于东京的描写形成了“东京学”，这是人文、知识与城市的书写，此传统影响了我。我喜欢池波正太郎，他除了是一位大文豪，同时也是一名美食家，创作小说之余也散步寻找美食；而历史小说家司马辽太郎写《街道行》，通过散步、旅行，反思城市的文化，构造出自身的史观。

散步是自我与城市的对话，我从明治神宫可以看到日本殖民台湾地区的影子，从东京的都市改造也可以反思台湾的城市规划。从银座的资生堂走到东京大学旁的岩崎邸，领略旧日东京的浮华世界；从下町的巷弄感受永井荷风的散步况味；在圣马利亚大教堂、国立新美术馆中看到东京的建筑与人文；也在街道上与祭典中的人群共舞。最后步行至东京的终点，也是每个人最后的栖身之处——杂司谷灵园，在此可以深思人生的意义，同时也映照出城市和文化发展的特殊之处。

胡川安
二〇一七年秋于东京

第一章

东京的前世

始于日本桥：城市记忆的苏醒

东京的前身是江户，我喜欢在东京寻找“历史的层次感”，不只是江户时代以来的痕迹，还有明治维新之后的文化，或是大正、昭和时期的建筑。

东京的特色和有趣之处就在于——不同历史时期的生活经验都累积在这块土地上，不只是建筑的外观而已，还有饮食、生活用品和地景，都一层一层地累续下来。

我们先用一整天走一趟日本桥吧！

那里以往是水都江户的商业、文化和生活中心。从江户时代以来几经变迁，已不复以往的模样，但我们如何在现代中找到“历史的层次感”呢？

我从东京车站的八重洲出入口开始这段小旅行，往京桥、日本桥的方向走，看到了许多摩天大楼。

这里以前只是个小渔村，因德川家康建江户城而改变了一切。

天下的起点

德川家康建都江户，本来没有人的小渔村成为日本的政治中心。他招募了大量工人整备这座城市，大兴土木，填河造陆，在日本桥川上架起日本桥。隔年，也就是一六〇四年，日本桥开始成为商业中心，并作为江户五街道的起点。

江户五街道包含东海道、奥州街道、日光街道、中山道、甲州街道，把日本江户时代重要的政治和文化中心串联起来。所以日本桥就是经济、金融和信息的起点，换句话说，德川家康的天下，从这里开始。

从《熙代胜览》看日本桥的繁华

最可以说明日本桥当时荣景的正是《熙代胜览》这幅图，它可以类比中国的《清明上河图》。

《熙代胜览》是一幅描绘江户时代日本桥的写实画作，它被发现的故事十分特别。原图本来没有什么名气，在日本已不复见，后来在德国柏林的东方美术馆被发现。《熙代胜览》是柏林自由大学的生物系教授 Hans Joachim Custer 所寄托的物品，他因为喜欢中国美术作品，所以在黑市买了这幅画，但当时相关人士可能分不大清楚日本和中国的差别，将之视为中国美术。

Hans Joachim Custer 在一九九九年去世，后人整理他的遗物，美术馆的馆员确认《熙代胜览》是日本的作品，并介绍邀请日本学习院大学的小林忠教授进行鉴定。当时美术馆在整修，之后随着博物馆重新开张，《熙代胜览》首次向大众公开。

二〇〇三年，《熙代胜览》回到日本，在江户东京博物馆和日本桥的三井美术馆展示，现在回归柏林的国立美术馆。

一般人不容易看到原画，但只要坐地铁到三越前站，就可以看到复制图。原画的长度是长 43.7 厘米、宽达 1 232.2 厘米，三越前站的展示图以 1.4 倍复制。

光辉太平盛世的美好景观

《熙代胜览》的重要性或许不在于艺术价值，而是绘画具体地表现了十九世纪初期（一八〇五年）的日本桥街道，也就是现在的“中央通”。以往江户时代留下的浮世绘只呈现了当时的部分街角，但《熙代胜览》却完整地展现了日本桥的原貌。

取名《熙代胜览》，意指“光辉太平盛世的美好景观”。这样的景色就是从今川桥开始到日本桥，共七百六十米的商业街。画中有八十八间商店，一千六百七十一位往来人物、二十只狗、十三匹马、四头牛、一只猴子和两只老鹰。

一八〇六年，江户发生了一场“丙寅大火”，整个城市被烧毁了大半，而《熙代胜览》画的是大火前的日本桥。以往想了解江户时代的很多职业，只能从书本文字获得资讯，但《熙代胜览》提供了画面，让后人得以参照。从图上可以看到各式各样的职业，举例来说，像是卖菜刀、锄头、镰刀等刀具，或是茶碗、草鞋、和果子、寿司、药、青菜等生活必需品，抑或是露天的茶店，有点像现在的路边咖啡馆，也可以看见杂耍艺人穿插其中。

现在的三越百货本店就在日本桥，当时称为三井越后屋，在《熙代胜览》中也可以看到，是日本桥最大的商店。

日本桥之所以成为江户的商业中心，不仅因为它是五街道的起点，还是陆路和水路汇集之处。

水都江户

现在到东京，很难想象以前这里是个水都。四百年前的东京由小条河川贯串，城市当中的来往与运输多靠河运。东京现在的商业中心京桥、银座、新桥等地，以往是半岛状的低地，称为“江户前岛”，彼此之间的往来多依靠船舶。

既然江户城的运输主要靠四通八达的水道，而日本桥又是江户五街道的起点，这里的重要性不言而喻。江户居民的主食是江户湾所捞捕的鱼类，鱼肉的批发市场——日本桥鱼河岸——也在此地。当市场和采买生活用品的中心地带都在日本桥，可以想见当时这里商业繁荣的景象。

世界最大城市的商业中心

在十九世纪初期，江户的人口超过一百万，堪称世界最大的城市（当时巴黎人口差不多五十万，伦敦差不多九十万），众多人口所需的生活用品和相关产业都在日本桥附近聚集。

有些江户时代日本桥的町名沿用到现在，像是日本桥一丁目就是“吴服町”，主要是卖和服的商人所居住的地方；二丁目以前称作“大工町”，是建筑技术工人居住之处；三丁目是“箔屋町”，是打箔职人所住的地方；过去一点的京桥一丁目以往是“桶町”，是制作木桶的工匠所住的地方。

一百万人的江户虽然没有京都优雅细致的文化，但庶人文化却在东京的日本桥开始成形。举例来说，江户时代大量的文学作品得以传播，主要是因为印刷业的发展，浮世绘的流传也得益于印刷业，主要的大书商像是“须原屋”“鹤屋喜右卫门”，也都聚集在日本桥。

明治维新之后，江户成为东京，日本进入现代化的历程。明治政府将日本桥设计为银行业、金融业、保险业和运输业等现代产业的总部。新的日本桥在明治四十四年（一九一一年）成形，本来木造的桥改为石造，相当有气势，附近还有船舶的停靠码头，从桥边可以看到来来往往进出鱼市场的船舶。

明治维新后的东京基本上还是维持水都的格局，可见日本桥的重要性没有因为明治维新而改变。

然而，一九二三年的关东大地震却改变了水都江户的生态。

关东大地震后的日本桥

江户原本是个水都，而日本桥旁的鱼市场就是江户的胃，捕获的鱼都在此贩售。关东大地震使日本桥受到重创，鱼市场转移到了筑地。从此，日本桥的船舶停靠数目下降，单单成为陆运的起点，而非河运和陆运的交叉处。

虽然地震后，日本桥没了鱼市场，但这里还是有相当多百货公司、银行和商店，仍然维持一定的活力，即使第二次世界大战期间东京遭遇大空袭，日本桥也能慢慢恢复元气。

对于日本桥发展最为不利的是举办东京奥运会。当时随着奥运场馆的兴建，东京的大规模建设也开始了，加上国民都买得起汽车，路面交通成为东京最重要的发展项目。首都高速道路必须在奥运前完工，而日本桥因为没有了鱼市场，河面来往的船只减少了，所以高速公路就盖在河面上。当高架道路从日本桥上穿过去，日本桥的空间变得紧缩，缺乏了以往开阔的格局。

随着东京的发展，新宿、涩谷、池袋都发展出不同的购物人潮和商业模式。在时代更迭中，日本桥逐渐丧失了活力。对于这里的百货公司、商店和周边的老铺来说，日本桥应该如何开展创新的发展模式？如何在二十一世纪的现代，一提到日本桥就浮现一定的印象？

最近的“日本桥再生计划”想将日本桥规划成“历史的商业区”，重新建构这里的记忆和文化，其具体想法如何落实在街角的每一处呢？

让我们一边在日本桥散步，一边认识苏醒的城市记忆吧！

散步日本桥

走过今日的日本桥，还可以看到“日本国道路元标”，此处是日本道路的基准点（起点）。明治维新后沿袭江户五街道，将此作为日本道路的起始。

日本桥最吸引人的建筑就是高岛屋和三越，这两家知名的百货公司是江户时代创立的知名杂货店，在时代潮流下转变成百货公司。到日本桥这两家百货公司购物，可以顺便参观这两栋历史建筑。

在东京觉得热的话，就到高岛屋吧！

高岛屋在一八三一年创立于京都，以做棉布生意为业，后来历经明治维新，也进行了现代化的转型，生意扩及大阪和东京。

目前日本桥的高岛屋是昭和八年（一九三三年）所盖，当时就配有冷气和暖气，广告宣传说：“在东京觉得热的话，就到高

图 1-1

高架道路从日本桥上穿过

图 1-2

日本国道路元标

岛屋吧！”由于建筑相当有特色，现在已经被选为文化财[①]。

高岛屋的建筑采用现代性的建筑，但加入日本的风格，设计者高桥贞太郎采用文艺复兴样式的外观，柱子特别从意大利进口，正面吊灯有两万颗施华洛世奇水晶，增加其奢华感。

天女降临三越

三越是三井家族在日本桥所开设的和服店，当时称为“越后屋”，随着明治维新，老铺开始思索新的生存之道，最后将“三井”与“越后”合并，成为三越百货。一九一四年盖的建筑，仿文艺复兴样式，在一九三五年又扩建，成为现在的样子。

三越本店内的中庭有一件惊人的艺术品“天女像”，于昭和三十五年（一九六〇年）完成，高达四层楼的雕像是以五百年以上的桧木所雕。天女像的日文为“まごころ”，也是“真心”的意思，具体展现出企业的精神与象征，是三越百货庆祝开幕五十年的重量级艺术品。此像高十一米，总重量高达六千七百五十千克，以天女降临的姿态为灵感。

雕塑的线条十分流畅，颜色鲜艳的衣服配上柔和的神情、绚烂的色彩，让人一进入三越就被这幅艺术品吸引。

雕塑由佐藤玄玄所做，这是他艺术生涯的代表作。佐藤玄玄出生于福岛，家里代代做神社和佛寺的雕刻装饰，曾经到法国留学，可以说兼具东洋与西洋的艺术精华。三越当初花了四百万日

① 文化财即日本文化遗产。——编者注

图 1-3

天女像

元（现在差不多一亿日元）请他创作。

不管是日本桥的三越百货或是高岛屋，进去参观便有走进古迹或是博物馆的感觉，顿时觉得名牌包包或首饰、钻戒，都相形失色。

从两栋既是古迹又是百货公司的建筑出来后，我们可以在日本桥吃一顿江户味的午餐，感受明治维新时代的洋风。

江户味 vs 洋风

日本桥从江户时代创业到现在的老店还不少，像是“吉野寿司本店”，现在已经是第五代老板吉野正敏在经营。我在《和食古早味》一书中指出，寿司一开始只是路边摊的速食。吉野寿司正是从日本桥的路边摊开始，后来才有了店面。

如果不想吃江户味，那就来点日本西化时的洋食吧！

从江户时代走到明治维新，日本桥充满了当时留下的建筑，像是创业于明治八年的“明治屋”，由横滨上人矶野计所创，主要以引进舶来品和食品为业，也是日本第一家引进法国葡萄酒的公司。日本最早的啤酒在横滨的外国人居留地制造出来，是麒麟啤酒的基础，明治屋则是第一个代理啤酒并且贩卖的公司。

明治屋将西洋的食品和杂货带进日本，改变了日本人的生活文化和风格，奶油和后来流行的可口可乐，也都是明治屋引进的。

目前以文艺复兴风格盖的明治屋京桥大楼，建于昭和八年（一九三三年）。在明治屋可以买到很多西洋食品，也可以到地下二楼的“京桥モルチェ”吃顿午餐，这里是东京洋食老店，贩售蛋包饭、猪排饭等在日本才吃得到的洋食。

日本桥的烤鳗鱼

我也推荐大家到“割烹大江户”吃烤鳗鱼，这家店就在日本桥，从日本桥的三越一路走来，转进巷子中，可以看到一间三层楼的房子，看不出是已经营业超过两百年的老店。“割烹大江户”是江户时代宽正年间创立的老店，目前传到第十代，日式的木门搭配着暖帘，飘散着鳗鱼的香味。

东京的烤鳗鱼与鳗鱼饭店虽多，但能经营长久、代代相传的并不常见，“野田岩”“神田川”和我用餐的“大江户”，基本上就是烤鳗鱼这种料理的活历史。打从有蒲烧鳗鱼这种做法时，“大江户”就开店营业了。

一打开用黑色漆盒盛装的鳗鱼饭，香气溢出，蒸过的鳗鱼相当柔软，淋上甜而不腻的酱汁，软乎乎的鳗鱼搭配软硬适中的白饭，就是道地江户的味道啊！

鳗鱼的品质、烧烤的时间、酱汁的咸淡、白饭的口感，都是鳗鱼饭好吃与否的关键。在炭火中慢慢烧烤的鳗鱼香，随着一代一代的传承，从江户幕府走到明治维新，再从战前到战后，如此难得地保存了传统的口味。

吃完饭继续在日本桥附近逛逛，可以走进日本的金融中枢。

日本的金融中枢

三越本店的后方就是日本银行总部，平常开放参观。当初是以比利时的中央银行为设计蓝本的，中心的穹顶是铜砌，整体建筑对称而大气，采用新巴洛克结合文艺复兴的样式。明治十五年（一八二二年）完成的日本银行，经过五年半的建造时间，展现

图 1-4

明治十五年完成的日本银行

了一个追求西化、新兴国家奋起的气势。

为什么会选择在日本桥开设日本银行的总部呢？从江户时代开始，日本桥就有很多金融机构，明治维新也将这里作为日本的金融中心。明治十三年，东京有二十四家银行，日本桥就集中了二十家，重要的银行都在此设立总部，而管理银行的日本银行总部想当然也就设在此地了。

日本银行的内部除了有气派的设计，还可以看到以前用来储存黄金和现金的金库。旁边的货币博物馆也是日本银行附设的博物馆，收藏着日本古代的货币，和各个时期发行的钱币。

睡觉前再来欣赏金鱼的曼妙姿态

用餐完带着饱意，走到中央通上日本桥三井厅（三井ホール），夏季的三个月中都会举办金鱼展“江户的风雅——水族的艺术呈现”（江户の风雅をアートアクアリウムで），展场中有五千条以上的金鱼，由七十个水族箱组成十七个展示区。

艺术家木村英智利用室内设计，搭配水族箱的灯光装饰，使整个空间呈现出前卫的设计感，同时也加入日本传统特有的文化元素，像是和服、屏风或是灯笼等，所以在前卫中看得到传统，在新潮中展现出熟悉的日本风味。

木村英智为了使观众看到万花筒般的效果，设计时，在玻璃的切割上也花了一番功夫，使观众从不同的角度看鱼缸时，能看到不同的光线下颜色与姿态各异的金鱼。

金鱼不仅是一种来自中国的生物，它也代表一种独特的、属于日本的美学文化。江户时期的宫廷画卷中，金鱼是富贵与平安的象征。

浮世绘大师歌川国芳（一七九八年～一八六一年）以拟人化的方式描绘金鱼，他的《金鱼づくし》赋予金鱼人性，它们喝酒、划船、优游于水中，展现活泼生动的一面。

随着江户时期的工商业发展，市民阶层发展出各种休闲娱乐活动，浮世绘中可见许多与金鱼相关的内容，可见民众对于金鱼的喜爱程度。例如，有小贩沿街挑着金鱼叫卖，旁边有大人小孩围观的画作。而金鱼除了吸引民众观赏之外，还象征着鱼水之欢，浮世绘中的春宫画也经常以金鱼作为装饰。

日本桥的金鱼展希望能让东京民众记起江户时代的夏季活动，但不完全依照“传统”，而是通过现代声光化电的元素，将传统包装成现代东京居民的共同节日。

日本人一直思考如何通过街区的改造，让城市的历史记忆苏醒，希望通过现代的方式、传统的元素，共同谱写日本桥的历史，并为下个世代留下现在的记忆，把街区的味道和氛围传承下去。

浅草寺的前世与今生：宗教和观光的中心

或许是因为不喜欢太多观光客，我去过浅草一次后，就没有重游的想法。观光客不好吗？也不是，我们都是观光客。那排斥的是什么呢？或许是拥挤，或许是不喜欢旅行团的那种浮光掠影，带着观光客到浅草寺，只为了找到一种刻意营造出来的“日本味”、一种消费的观光。

然而记忆中，当我走过雷门，穿过重达六百七十千克的大灯笼，走过人群拥挤的“仲间世通”，人声鼎沸，叫卖声不断，我想起以前阅读《江户繁昌记》的体会。此书由江户晚期的文人寺门静轩（一七九六年～一八六八年）以“戏文”的体裁写成，不讲究文章，写一些风花雪月，记载很多青楼内狎妓之事；有些则描写市井生活，可以用来参照江户末期的城市景象。寺门静轩描写浅草寺是香火聚集之地，人们摩肩接踵，竞相到此处献上他们的敬意。

寺门静轩也描写浅草寺周边的“仲间世通”，那里有贩卖各式各样商品的小贩，除了提供茶水饮料的茶屋、餐厅，还有杂耍表演、转陀螺、表演魔术的街头艺人等，让人目不暇接、眼花缭乱。或许浅草寺从江户末期以来就是商业繁盛、人声鼎沸的观光胜地，如今只是增加了外国的观光客。

明治维新以后，浅草寺仍然集庶民文化、商业和娱乐于一。川端康成的《浅草红团》，时间设定在一九二〇年，香火鼎盛的寺庙旁就是庶民休闲玩乐的地方。当然，青楼狎妓也算玩乐的一部分。神圣与世俗似乎就是一个硬币的两面。

浅草寺的由来

浅草寺是东京都内最古老的佛寺，位于台东区浅草二丁目，其山号为“金龙山”，供奉观音菩萨。浅草寺有一个传说的起源：推古天皇三十六年（六二八年），渔民桧前滨成和桧前竹成两兄弟，在现今的隅田川捞到一尊佛像，加以供奉，成为浅草观音最早的信奉者。寺庙通过佛教僧人一代接一代的努力，在十世纪中期已经具备了一定的规模。

浅草寺会成为繁盛的寺院，正式进入历史的舞台，主要还是

图 1-5

浅草寺雷门

图 1-6

浅草寺一景

政治的原因。当年德川家康控制关东后，在一统天下的关原之战前夕，一向雍容大度、从容不迫的他也焦急了起来，希望神力加持，助他一臂之力。他将浅草寺的观音当成战胜的重要力量，于是召唤寺内的僧侣，一同替他祈福。

德川家康一统天下后，浅草寺的地位稳固，即使被宽永八年（一六三一年）、宽永十九年（一六四二年）的大火烧毁，也在德川家的帮助下，在庆安元年（一六四八年）建五重塔，庆安二年（一六四九年）重建本堂。

在德川家占据关东时，江户不过是个人口不到一千的小镇，随着发展，日本的政治与经济中心从关西转移到关东，江户渐渐成为一个人口将近一百万的大城市。浅草寺虽然有赖德川家支持，但渐渐地将游乐与宗教事业结合，走出自己的一条路。

浅草寺和江户社会

浅草寺能够成为江户的游乐与宗教中心，有赖于文化、社会和制度的共同发展，韩裔加拿大学者 HUR, Nam-lin 曾经对德川幕府晚期的浅草寺做过详尽的研究，写下《日本德川时代晚期的祈祷和游玩：浅草寺和江户社会》（*Prayer and Play in Late Tokugawa Japan: Asakusa Sensoji and Edo Society*）一书，书名中的“祈祷”（pray）和“游玩”（play）这两个词看似对立，却在日本宗教、文化当中融合为一，通过浅草寺的例子，勾勒出德川幕府晚期栩栩如生的社会生活。

浅草寺同时发展宗教与娱乐事业，通过文化、社会经济和制度的建立，逐渐脱离德川家的控制，无须仰赖政府的资金挹注，只要通过民间捐款和“赛钱”[①]就可以经营得相当完善。在现代化以前的亚洲，浅草寺算是非常成功的非营利组织。

从整个江户的地理空间来说，浅草寺位于城市的东北边缘，周边聚集大量商贩和娱乐场所，是十分特殊的存在。其北边有江户最大的红灯区“吉原”，住了大量的流浪者，还有小冢原刑场，处决过大量犯人。与浅草具有同样地理位置的是江户西南边的品川，这里的增上寺是将军的家庙，围绕增上寺的则是流浪汉以及铃森刑场。浅草寺与增上寺，一个在东北，一个在西南，都在城市的边缘，远离江户中心，聚集了一些社会边缘人和即将被处决的犯人，仿佛穿梭阴阳两地，成为神圣与世俗的交界。

① 即贡奉给神佛的钱。——编者注

浮世绘：庶民的艺术

梵谷会到经常购买颜料的店家买浮世绘，也帮店主唐奎老爹画了《唐奎老爹画像》。画中老爹背后的墙上挂满了浮世绘，有富士山、绽放的樱花与冬日雪景。梵谷不只将浮世绘作为画的背景，还模仿了浮世绘的技法和构图。

他的《盛开的李树》临摹歌川广重的《贵户梅宅》，还在画幅旁写下他不懂的日文，而《雨中的桥》的灵感则很明显来自歌川广重的《名所江户百景》中的《大桥骤雨》。

梵谷在写给弟弟西奥的信中，如此描绘他所看到的浮世绘：

我羡慕日本版画家在他们作品中所表现的清澈理念。这些版画一点也不教人厌烦，同时从不草率完成。他们看起来简单得就像呼吸一样，版画家以几笔肯定的线条来画人体，那种轻松的笔调就像扣衣扣一般悠闲。

这从遥远东方传来的画风、绘画技巧和构图都与他所认知的不同，更重要的是，画中呈现了另外一种态度、一种生活的体验、一种新的世界观。

浮世绘席卷欧洲

梵谷与唐奎老爹不是此时唯二接触浮世绘的欧洲人，浮世绘在当时的欧洲已经普遍流行，收藏家大量收藏这些带着异国情调的绘画，巴黎的艺廊也举办浮世绘展览。

明治维新，日本人大量学习欧洲现代的文明、科学和技术，但是文化交流不只西风东渐，也从东方流入西方。当时巴黎的艺术家们对日本的工艺品产生极大兴趣，像惠斯勒（James A. M. Whistler）就收集很多日式书法，莫奈（Claude Monet）盖了一座日式庭园，罗特列克（Henri de Toulouse-Lautrec）甚至还穿了日本的武士服。

浮世绘在当时的日本是庶民的绘画，十分通俗，甚至带有传播消息的功能，画面的内容很多都与民众的生活相关。而这样的作品传到欧洲巴黎和其他地方，一时洛阳纸贵，成为争相买卖的艺术品，并且影响了欧洲近代最重要的艺术运动——印象派。

浮世绘的词源

二〇一四年一月二日到三月二日，江户东京博物馆为庆祝开馆二十周年和国际浮世绘学会成立五十周年，举办了“大浮世绘展”。我参观了这次难得的大展。由于很多重要的浮世绘名作散落在世界各地，此次展览从全球将近五十家博物馆和私人收藏当中，借了以往难以见到的作品，重要的浮世绘画家包括鸟居清长、铃木春信、歌川广重、喜多川歌麿、葛饰北斋、歌川国芳等的作品皆有。

“浮世”一词来源为何？应该从佛经而来：“浮世匪坚，如梦所见。”或从李白的诗句：“浮生若梦，为欢几何？”象征万事万物浮浮沉沉，如梦似幻。但江户时代浮世绘之“浮世”一词，似乎无佛学意涵。当时流传的《浮世物语》中有一段话，我觉得是对“浮世”的最好注解：“万事不挂心头，随风飘去，流水浮萍一般，即叫作浮世。”

在日本艺术发展的过程中，浮世绘的兴起代表庶民艺术的成熟，脱离以往仅限于贵族、武士阶级的艺术形式，是以平民大众为导向的艺术，描绘日常生活和人间万象，而其发展时间几乎和德川幕府相始终。浮世绘是以江户为中心所发展出来的绘画形式。

随着德川家康统一日本，政治稳定，经济富庶，平民大众获得很多经商的机会。富商大贾群集此地，他们与以往贵族、武士们的品味不同，感兴趣的不再是缓慢优雅的能剧，而是通俗化之后的歌舞伎，而相邻于歌舞伎剧院的则是吉原——青楼红灯区。

浮世绘展现江户时代的娱乐百态

江户时代庶民们欣赏的不是狩野派[①]障壁画的工匠传统，那是以贵族、武士们为导向的画风。而浮世绘最初的主题集中在歌舞伎的演员、吉原的艺妓和相扑力士等娱乐场所的描写，写实且生动地描绘了当时人们的娱乐百态，深受喜爱。

从菱川师宣（一六二五年～一六九四年）的画作就可以看到社会生活和艺术的转变。他本来是世代服务于贵族、阶级制度之下的染织工匠，当旧的阶级制度松动，也转入寻常百姓家，并将绘画的内容改变成歌舞伎中感人的爱情故事。

菱川师宣的浮世绘还是由画师一笔一笔所创作，相较于之后大规模印刷的版画，这时候称为“肉笔浮世绘”，能够购买的还属于社会上层。《见返美人》是菱川师宣的重要作品，以大片留白呈现画中女子步行途中转头的一刹那，女子臀部的曲线，自然下坠的衣摆，典雅的绯色和服上细致地展现出菊花和樱花的花纹。

菱川师宣也描绘吉原的生活和富人们的休闲娱乐，他不单纯地写实，还呈现了某种刹那间永恒的感觉，例如在一张命名为

① 日本著名家族画派，创始人为狩野正信。——编者注

《江上小游》的画作中，具体地描绘隅田川上游船的休闲活动。船上的两位年轻人专心下着棋，旁边陪席的应该就是吉原的艺妓，特别之处或许还在于船屋顶上那位掌舵的年轻人，神色自若地抽着烟，有着画龙点睛、活泼气氛的作用。

浮世绘的重要主题之一“演员画”（役者绘）由鸟居清元（一六四五年～一七〇二年）所创。较菱川师宣晚二十年的鸟居清元，创立的“鸟居派”拥有不少追随者，传承了八代，直到二十世纪昭和时期。

鸟居清元的绘画说穿了就是“看板绘”，类似电影海报的宣传照。在彩色印刷普及之前，早年电影院的招牌都是以油画的方式制作。为了呈现电影的特色，演员的表情都会被夸张化，希望让还没看到电影的观众们能被看板吸引，买票进戏院，一睹演员的风采。

鸟居清元及其传人留下不少歌舞伎演员的样貌，像是鸟居清倍（一六〇九年生，卒年不详）所绘的《演员市川团十郎》画像，展现男性浑厚的曲线，又细致地捕捉演员微妙的表情，不只写实地呈现身材和体型，还捕捉其在舞台上最为生动的一幕。

从十七世纪后半期到十九世纪，除了买票进戏院看歌舞伎的表演，男人最重要的休闲活动就是到吉原寻花问柳。对于一般民众而言，即使无法到吉原一掷千金，也可以通过便宜的版画欣赏美女。有了这样的需求，画师们便画了不少艺伎的美人画。

艺妓的工作不全然是出卖肉体，她们必须经过严格的训练，具有传统文艺的底子，并且能够招呼宾客，使宾主尽欢。客人所求的不只是身体，更是“艺”，是一种由女人所展现的活动的“艺”。绘制艺妓最出名的就是十八世纪中期的喜多川歌麿（一七五三年～一八〇六年），他所描绘的人物，突显上半身，人物的头像占据画面大部分空间。这种称为“大首绘”的头部特写，通过线条表现脸部细致差别，并且经常呈现女性半裸露的形象，以细致的笔触表现柔软的肉体，再以衣服的样式、纹饰，身体的摆动、姿态和周边的摆饰，展现女性的美。

除此之外，他还仔细观察艺伎一天生活的不同时刻，《青楼十二时》随着时间的推移展现吉原艺伎的生活细节。他的画不只呈现外表的形象，还捕捉住人物的内心，我一直觉得张爱玲最懂他的画，她说：

> 《青楼十二时》里我只记得丑时的一张，深宵的女人换上家用的木屐，一只手捉住胸前的轻花衣服，防它滑下肩来，一只手握着一炷香，香头飘出细细的烟。有丫头蹲在一边伺候着，画得比她小许多。她立在那里，像是太高，低垂的颈子太细、太长，还没踏到木屐上的小白脚又小得不适合，然而她确实知道她是被爱着的，虽然那时候只有她一个人在那里。因为心定，夜显得更静了，也更悠久。

浮世绘对于中国的影响

浮世绘不仅深刻影响了西欧的艺术，也影响着中国。明治维新之后，一八九五年甲午战争一役，中国在亚洲的地位陨落，当时中国的年轻人们除了到欧美等国学习之外，日本也成为取经的对象。鲁迅、丰子恺、叶灵凤等人都对日本浮世绘产生兴趣。鲁迅最喜欢葛饰北斋的画，他曾说："关于日本的浮世绘师，我年轻时喜欢的是北斋……依我看，恐怕还是北斋适合中国一般人的眼光。""日本的浮世绘，何尝有什么大题目，但它的艺术价值却在的。"

浮世绘是庶民欲望的展现，同时也刺激着庶民想买票进入歌舞伎剧场一窥究竟，到吉原找艺伎玩一次，到热门景点走一回，到富士山爬一回，有如现在报章杂志和电影的广告。

没有什么大题目的浮世绘，只画一般庶民的生活，却能展现艺术性，就好像看到别出心裁的广告，令人印象深刻。更有甚者，一些天才画家在浮世绘原有的技法之中开创出新的艺术性，像葛饰北斋与歌川广重两人。

富士山的不同姿态：葛饰北斋

浮世绘在外国人的心中应该是最能代表日本人的艺术，受到最高评价的是葛饰北斋（一七六〇年～一八四九年）的作品。北斋大量作品中最知名的为《富岳三十六景》，是他在七十岁左右完成的风景画。同样一座富士山，以几十幅的画作、不一样的构图和用色，呈现不同角度的美。江户时代，人们对于富士山的信仰相当虔诚，有集团参拜富士山的“富士讲”，也有在看得见富士山的地方建坟立墓的“富士冢”。

北斋的“三十六景”其实不止三十六张，最初的三十六张出版之后，由于广受市场的青睐，又追加了十种富士山的不同姿态。这也使得浮世绘不再局限于“美人绘”和“役者绘”，还增加了风景画这种类型。

北斋在七十岁之前学艺于不同门派，是浮世绘画师胜川春章（一七二六年～一七九二年）的弟子，后来又习艺于宫廷工匠狩野派的画师门下，熟悉庶民与贵族艺术的表现手法。除此之外，他也对西洋画风感兴趣，了解当时传入日本的远近透视画法。

北斋不只对风景画展现出过人的天分，事实上，他对万事万物都有兴趣，生前所出版的《北斋漫画》中，包含了四千多张随笔素描。《北斋漫画》的前言提到：“所画山水草木鸟兽虫鱼固勿论，至如人物，则农圃之稼穑，百工之事业，凡森罗万象于覆载之间者，一网无遗。”

“漫画”一词也源自北斋的这套画集，当我在江户东京博物馆的“大浮世绘展”看到画册中的原稿时，发现这些以漫画笔触完成的速写，用夸张的表情展现出人物的特色，以拟人法为动物

图 1-7

葛饰北斋《凯风快晴》

图 1-8

葛饰北斋《神奈川冲浪里》

注入了感情，还记录了生活中各式各样的器物，可以说是江户时代的绘画版百科全书。

《富岳三十六景》特别之处在于其构图，突破了以往浮世绘的视角，最为有名的就是《凯风快晴》和《神奈川冲浪里》，这两幅图的构图和用色都堪称浮世绘之中的最高杰作。前者以三比七的黄金比例呈现富士山，构图十分简单，画面由五个三角形所构成，其特殊之处在于用色——红色的富士山使人激动且澎湃——在稳定的构图之中，却又呈现出祥和的气氛。

而《神奈川冲浪里》更可以说是一幅天才画作，画面大部分被滔天巨浪所占据，那弧状浪湾后的远处却见富士山矗立。浪尖的白色浪花宛若富士山上的雪，整幅画面呈现出戏剧的张力。

乍见《尾州不二见原》一图，以为是制木桶的工匠正在削板，仔细一看才看到镂空圆桶背后的田野，以及远端的富士山，这幅图可以让人感受到北斋构图上的巧思。他的这一系列浮世绘，主题虽然是富士山，却以各式各样的题材和角度呈现，给人富士山无所不在的赞叹。对许多人来说，富士山真的就是一个神圣的存在。

北斋的画富有创造力，他活到九十岁高寿，一直都在求新求变。他在一八三六年出版绘本时，已经八十多岁，自序写道："我六岁就喜欢画各种东西，我画过很多画，但七十岁之前的作品都不值得一提，希望我到八十岁能有点进步，九十岁时能明了

图 1-9

葛饰北斋《尾州不二见原》

世事的深意，而我一百岁时的作品会很棒，每个线条、每个笔触都会充满生气！”

抒情的风景画：歌川广重

浮世绘的庶民性多少体现在其商业价值，出版商会寻找畅销的题材或画家。北斋开创了风景画的题材，年纪小北斋三十几岁的歌川广重（一七九七年～一八五八年）于一八三三年推出自己的重要作品《东海道五十三次之内》。三十七岁的他，描绘由东京到京都这条“东海道”上五十三个驿站的风景。

广重出身于消防队的家庭，师事浮世绘画师歌川丰广（一七七三年～一八二八年）的门下。广重和北斋都学艺多端，广重也曾经习艺于京都的四条派，此派综合西方与东方的艺术，以西方的写实手法表达东方的内涵，出入精致与庶民的艺术，故广重的画比一般浮世绘更多了一份优美和纤细，以风景中之雨、雁、雪、月，展现出一股抒情的气质。而当时的印刷技术也越来越纯熟，并有了进口的化学颜料，使得此时的浮世绘画作色彩更加丰富明亮。

广重以《东海道五十三次之内》获得名声之后，继续在风景画上钻研，其晚年完成的《名所江户百景》已是炉火纯青的作品，虽说是风景画，但具备非常独到的视角，别具感情，带有一种感伤的情怀。以《名所江户百景·浅草田甫酉之町诣》为例，一只白猫独坐于窗台上，由窗棂上的格子俯瞰外面的风景，远处富士山上的鸟群高飞，已近黄昏。

喜欢日本文化的周作人很能抓到广重画中的感觉，他说：“画面很是富丽，色泽也很艳美，可是这里边常有一抹暗影，或者可以说是东洋色，读中国的艺与文以至于道也总有此感，在这画上自然也更明。”

在《深川洲崎十万坪》这幅画中，广重以老鹰的视角俯瞰深川雪景，老鹰占据画面的最上方，相当接近观者，画面由于前景极度接近，使得俯视的空间更具备纵深感。而被梵谷临摹的《大

图 1-10

歌川广重《深川洲崎十万坪》

桥骤雨》，则从仰视的角度描绘隅田川上的大桥，突逢骤雨的行人被夏日的暴雨淋得仓皇失措，有趣的是，水上的船夫披着蓑衣、撑着竹筏的样子，却相当怡然自得，与行人形成有趣的对比。渐层的雨云构成画面的上部，而广重描绘大雨的手法也是一绝，以粗细不一的黑线来表现，让人得以感受滂沱大雨，却又不影响观者欣赏整幅画。

歌川广重晚年已是十九世纪中期，幕府政权摇摇欲坠，一种山雨欲来、改朝换代的末世感笼罩着所有人。他细腻地捕捉时代的氛围，带有一股淡淡的哀愁，一种为欢几何的气氛。永井荷风的《江户艺术论》以感性的文字表达出浮世绘中的哀愁：

> 雨夜啼月的杜鹃、阵雨中散落的秋天树叶、落花飘雨的钟声、日暮山路的雪，凡是无常、无告、无望的，使人无端唏嘘此事只是一梦，这样的一切东西，于我都是可亲，于我都是可怀。

德川幕府垮台，新时代来临，刚开始日本人还用浮世绘描绘时代改变的样子，像是银座的西式街道，或是横滨由外国人带来的新形态娱乐方式。但日本人逐渐学习西方的绘画方式，而浮世绘原有的传播讯息的功能也被报纸所取代，最后逐渐式微。

图 1-11

歌川广重《大桥骤雨》

外食文化：居酒屋的风潮

下班了，简单吃完晚餐或还没吃饭的朋友，辛苦了一天，今晚要不要到居酒屋小酌一番？现在台北的大街小巷中，充斥着日式居酒屋，是下班之后放松心情的地方、朋友们欢聚的场所。居酒屋是枯燥上班日子的绿洲、生活的调味剂，让人在小酌一番之后，还有心情面对明日的工作。

你知道居酒屋这样形式的餐饮店，是怎么产生的吗？

居酒屋的缘起

东京是居酒屋的故乡。平成十八年（二〇〇六年）的《外食产业统计资料集》显示，东京有超过两万三千家的居酒屋和啤酒屋，除以东京的人口数，平均五百四十六人就有一间。

居酒屋这种形式的餐饮店是什么时候开始有的呢？我们得回到两百年前的江户时代。当时江户约有一百万人，堪称世界上最大的城市，根据幕府的报告，有近两千家居酒屋，除以江户的人口数，约五百五十三人有一间居酒屋。这样的比例与前述现在东京的情况十分接近，由此可见居酒屋是超越时空的存在，是东京人生活的重要场所。

江户时代的居酒屋反映出日本近代社会文化的转变：外食的兴起与灿烂的庶民生活。从饮食文化来看，很多影响仍具体地展现在当代的日本。

世界上最大的外食城市

庆长八年（一六〇三年），德川家康结束日本的战国时代，开启了以江户为首的新时代。江户作为一个新兴的城市，很多"参勤交代"的武士必须到江户述职。除此之外，当时各阶层的人也聚集至此，多是招募而来的男性，使得江户成为一座非常阳刚的城市。男性在工作结束之后会去哪儿呢？不是到红灯区吉原游玩狎妓，就是找买酒的地方。

单身男性会自己下厨吗？除了型男大主厨以外，一般都在外用餐吧！

江户中的贩卖饮食之处称为"煮卖茶屋"，提供简单的饭菜和汤品、茶类等。但问题来了，当时的房子主要为木造，经营的餐厅也是，而营业必须用炭火，风势一大，一不小心就容易烧起来，往往引起连环大火。

从德川家康定都江户之后到十七世纪中期的五十年间，大小火灾不断，这对居民而言，比战争还可怕。

最有名的“明历大火”发生在十七世纪中期，在寒冬的一月连续烧了三天，江户城一半被烧毁。据说烧死十万余人，比后来的关东大地震和美军空袭死亡人数还多。

大火之后，幕府重建江户，除了扩大道路、加强防火演练之外，还颁布了夜间营业的禁止令，规定茶屋晚上六点以后禁止使用灯火和贩卖饮食。

然而，幕府的宵禁阻止不了茶屋的生意，因为晚上还是得吃饭，除非大家都回家自己煮，不然禁令只是枉然。

为什么幕府的禁令无法执行？当时的人那么喜欢外食吗？为什么不回家煮饭呢？

男女比例极度不平均的江户，外来人口大部分都租房子住，江户时代中期的租房率高达70%（现在东京的租房率约50%），租房子本来就不方便下厨，加上当时缺乏冰箱，也没有现代的水龙头、瓦斯，所以江户人多赖外食，可以说是近代以前最大一批外食的族群。

居酒屋的前世：煮卖茶屋

幕府连续几年开出了禁令，不但没有打压茶屋的生意，江户的夜间生活似乎越来越热闹。

井原西鹤（一六四二年～一六九三年）的《好色一代女》就是这个时候的作品，其中一段描写了日落时男女两人一同至数寄屋桥河岸边的煮卖茶屋。

德川幕府最后不得不认可夜间营业，在元禄十二年（一六九九年）规定风大容易引起火势的日子，户外禁止路边摊营业，但是允许店铺内的营业。

煮卖茶屋不仅晚上营业，中午也营业，提供几样小菜或饮料。晚上营业的茶屋也提供酒，所以渐渐出现“煮卖酒屋”“煮卖居酒屋”等店铺，“居酒屋”的名称正式出现。

两百年前的江户时代，一群离乡背井找工作的人，吃饭老是在外，居酒屋就是顺应外食习惯所产生的店家。而如果我们穿越时空，会看到什么样的人出入居酒屋？居酒屋的菜单有什么菜可以点？居酒屋的“酒”从何处来？

谁到居酒屋消费？

江户时代的散文作家喜多村筠庭（一七八三年～一八五六年）在有名的笔记小说《嬉笑游览》中描写居酒屋，消费者大多是独身男性，主要分为四类：

第一类，临时工或是短工，也就是日文的“日用取”，每天通过劳力领取薪资，例如土木工人、搬米工人、码头工人、船上的临时工等劳动阶级。

第二类，操驾笼的人。驾笼就是日本的轿子。上级武士、公卿阶层、医者、僧侣等身份地位较高的人所搭的为乘物，而驾笼是一般人可以搭乘的。操持驾笼的人，有点像现在的出租车司机。

第三类，武士、公卿家中的雇工。江户的上级武士或是进驻的诸侯、大名们，家中需要的劳工往往超过百人，雇工虽然比临时工有保障，但社会阶层也不高。

第四类，算是进出居酒屋之人当中社会阶层最高的职业——下级武士。他们由于薪俸不高，无法过着太奢华的生活，居酒屋成为他们打发一餐的选择。

居酒屋诞生的时代，进出消费的顾客大部分是社会阶层较低的人，如果与现在相较，到居酒屋消费的人大部分是上班族，就是日文所说的サラリーマン（Salaryman），一般都有稳定收入，算是中产阶级，这是时代演进的对比。

酒从何处来？

“居酒屋”为什么不直接称“酒屋”，而要加一个“居”字？差别何在？

熟悉日文的人都知道“居”的意思是指在里面，在酒屋里面就是“居酒屋”，从茶屋独立出来的居酒屋重点在于酒。上居酒屋的人一般收入不高，不可能喝太贵的酒，所以想喝到便宜、划算的酒，成了居酒屋诞生的重要契机。

江户的酒从何而来？

主要从近畿，也就是京都附近运送过来。日本近世酿酒业最大的改变就是发明了“诸白”的制作方式，这是指曲米和卦米都使用精白处理的白米。而“入火”（一般清酒于酿成后会以两次低温杀菌法停止残存酵母菌的活动能力）方式的发明，也使得清酒的保存期限较长。保存方式改良之后，加上使用大型的酿酒槽，开始能大量生产品质好且便宜的酒，替清酒工业打下了基础。

近畿地区制造的清酒要运送到江户，以往采用陆运，但是旷日废时，加上江户对酒的需求量大增，便改为速度快且运送量大的海运，由关西神户附近的“滩”（今日神户东面的海滩）运送至江户。

除了从关西运送大量的“滩酒”至江户，爱喝酒的江户人也开始制造当地的“地酒”。

爱喝酒的江户人

十九世纪前半叶，江户市民每年喝掉约九十万樽的酒，如果换算成公制，超过五万六千七百升，除以当时江户的百万人口，每人每天要喝一百五十五毫升的酒。现今的东京人每天只喝十五毫升清酒，如果加上啤酒、葡萄酒，每日三百毫升左右，但不管是啤酒或是葡萄酒，酒精浓度都比清酒来得低，可以想见江户人当时多爱喝酒。

当时的大阪人卖酒卖到手软，不仅关西人觉得关东人爱喝酒，连到日本传教的传教士对江户街上的印象都是充满了喝醉、呕吐、倒地不醒的人。德川幕府后来发出禁令，五代将军纲吉打算对制造酒类课较重的税，使得酒价较贵，然而受到强烈反弹，令出不行，几个月就废止了。

即便如此，德川幕府还是加强取缔所谓的“酒狂”（烂醉如泥的人），而如果因为酒醉而杀人者则处死，伤人者则严惩。或许是因为男女比例相差太多的关系，江户男儿只能在下班之后靠买醉度过烦闷的日子，常常互看不顺眼就大打出手。

江户人大量喝酒，也与居酒屋的营业时间有关。现在很少看到早上营业的居酒屋，即使有，也很少卖酒。但江户时代的居酒屋一早就开始营业，而且提供酒。

除此之外，不少通宵营业的居酒屋多开在游里旁边。什么是游里？就是官方认可的吉原，有艺妓、娼妓等，是男人晚上游玩的地方。吉原是官方认可的场所，但还有所谓的“冈场所”（私娼寮）。历史记录中，江户有六十九处私娼寮，虽然没有得到官方许可，一样人来人往、络绎不绝。居酒屋多开在游里与冈场所旁边，供寻芳客补充体力。

吃什么？居酒屋的菜单

“酒屋”只卖酒，而且不提供座椅和小菜，但居酒屋却结合了饮食与喝酒的需求。现在东京的居酒屋，其菜单都各有特色，有些还有主题性，而江户时代的居酒屋菜单又如何呢？先这么说好了，当时的居酒屋有点像台湾的自助餐厅，只是增加卖酒的服务。

菜单中，“吸物”和“取肴”是最重要的菜式。现在日本料理的“吸物”指的是清汤，但是江户时代指的是“一汁三菜”，汁指的是味噌汤，三菜则是居酒屋所准备的三道特色小菜。除此之外，还附上饭。而“取肴”按字面的意思就是用手取来吃的菜肴，但是在居酒屋则有特别的意涵，指的是下酒菜，希望客人不会因为空腹喝酒而伤胃。

居酒屋提供的肉类就是江户湾捕捞的新鲜渔获。现在生鱼片中的“王样”——鲔鱼——在江户时代是较廉价的鱼类。《汇轨本纪》提到：“鲷鱼是献给诸侯的，鲔鱼则是下贱的食物。”

居酒屋顾客多为庶民，自然无法提供太高级的鱼，所以鲔鱼生鱼片属于居酒屋的料理。另外，也流行“葱鲔”，是将鲔鱼边边角角的肉剁碎，混合葱一起吃。日本上层阶级不太喜欢吃葱这种味道较重的食物，较低阶层的人才吃葱。而现在常见的关东煮，要到江户时代晚期或明治时代才出现在居酒屋中。

图 1-12

键屋外观

图 1-13

键屋内部

如果看我的文字叙述不过瘾，想一窥当时居酒屋的气氛，建议读者可以走访东京的“键屋”，这里仍维持着大众酒场的感觉。键屋创业于明治时代，原建筑已经完整地移到江户东京建筑园，木造的建筑里摆放着榻榻米、斑驳的桌椅，仍可感觉怀旧的古意气氛。

居酒屋从江户时代庶民阶层（甚至略低于庶民）消费的场所，到现在成为白领们下班之后的去处，不管是江户时代或现代，居酒屋给人的气氛总是轻松、自在的。那里的食物不算太贵，也不强调珍贵或太花哨的菜式，这样的气氛让人们在工作后得以放松心情。

江户的风雅：将军、大奥与六义园

每到秋天，东京的枫红盛放，在冬天来临之前染红这个城市。东京的枫叶胜地很多都是充满历史与文化的庭园，其中六义园雅致的造景背后，有牵扯不完的后宫历史故事、情欲纠葛和文士们的唱酬。

大奥

最近几年，后宫剧在中国深受欢迎，这股风也吹到了中国台湾。早在这波后宫戏引起注意之前，二〇〇三年六月，日本的富士电视台就播出首部《大奥》，时代设定在幕末。

二〇〇五年的《大奥·华之乱》和二〇一二年的《大奥·永

远》(男女角色甚至逆转),故事背景设定在元禄时代(一六八八年～一七〇三年),为第五代将军德川纲吉当政。《大奥》演出了后宫女人的斗争,但情况有时更复杂,因为德川纲吉不只喜欢女色,还爱好男色。在德川纲吉的将军生涯中,被宠爱的男童多达三十六人。

柳泽吉保深受宠爱,由侧用人①做到大名,担任过出羽守和美浓守②。元禄元年,纲吉亲政之后就让吉保出任大名,并在元禄十一年将自己名字中的"吉"赐予柳泽,改名"吉保"。

柳泽吉保被封为甲府藩十五万石。当时的甲府藩原本不封给德川家以外的人,可见吉保受宠的程度。他和德川纲吉一样是双性恋,既与将军燕好,又娶妻生子,成家的方式可谓相当多元。

而吉保在德川纲吉死后,因为意识到自己可能会被清算,所以急流勇退。

从伦理的角度看,柳泽吉保可能是个佞臣,既爱男色又爱女色。以传统中国历史学家的角度来看,因道德风纪关乎国家治乱兴衰,所以会认为他是乱臣贼子。

但如果从文艺史的角度看,柳泽吉保无疑是江户时代重要的文学家、艺术家和儒学家。以下细说。

江户的文艺复兴

德川家康统一天下后,定都江户,希望营造万世之都,当时

① 侧用人:辅佐将军,并且传达将军的命令。

② 守:源赖朝初设此职务,嘉奖功臣到各郡国担任守护,到了德川幕府时代,掌握一国的实权。

的江户是政治上的中心。但说起哪里才是文化的中心，大家心目中想的还是天皇的京都。而柳泽吉保的理想是结合政治与文化的中心。

德川纲吉之所以和吉保如此亲近，除了情欲上的关系，还因为他们是相知相惜的伙伴，一同推动江户的文化和艺术活动。对于日本文人而言，传统文学中的精神主要表现在《古今和歌集》和《源氏物语》中，皆以京都为舞台。对这两本经典的研究、演绎和模仿，是一代代文人对经典的致敬。而德川纲吉和柳泽吉保将当时一流的文化人从京都请来江户，附庸风雅、吟诗作对，可见其企图。

元禄时代，天下太平、经济富庶，为文化复兴提供了相当优渥的条件，而文艺的新时代从研究文学经典着手，开始了一个被文艺史家岛内景二称为“元禄文艺复兴”的时代。

《古今和歌集》和《源氏物语》都以京都为背景，而当时江户的文人要想象古代的场景时，不能没有一个新的地点、一个理想中的庭园，寄情其中。柳泽吉保后半生隐居，不过问政事，寄情于庭园、艺术和学问。六义园就是德川纲吉赐给柳泽吉保的庭园。元禄八年，德川纲吉从旧加贺藩的手上得到这块两万七千坪的土地，经过七年整修，引进千川上水，并依据庭园的需要堆筑山丘或挖掘池水，构筑成回游式庭园①的景观。六义园的中心就是大片池水，池水中心的岛为纪州（和歌山县）“和歌の浦”之

① 回游式庭园：通常在庭园中心建造一个大水池，有几条散步道围绕池边，边上有假山，池塘中有小岛、桥、凉亭、点景石等，希望再现日本各地名胜。这样的设计被视为日本庭园设计集大成者。

景，为《古今和歌集》和《万叶集》所吟咏。

六义园的名称源自《诗经》的分类方式，风、雅、颂、赋、比、兴六义，《古今和歌集》也采用此六种形态，称为“和歌的六义”和“和歌的六体”。熟悉日文的朋友一定知道日文分为音读和训读，前者为汉字传入日本时的发音，后者则维持日文的音，但使用汉字表示，“六义”的训读是“むくさのその”，而音读则是“りくぎ”，两者的差别在哪呢？

柳泽吉保的《六义园记》使用的是训读，强调“六义园”于和歌上的传承、于日本文艺的传统，而非借用中国文学。从六义园的造景就可以看到这样的倾向。园中八十八景都按照和歌所造，像渡月桥、玉藻矶、宜春亭、枕流亭、吟花亭、千鸟桥等都有典故，且具诗意。

秋夜的风雅

从江户到东京，在时代的淘洗中，很多名胜古迹和日式庭园已不复存在。仅剩的一些知名庭园不仅是“都市之肺”，提供休闲和生态上的游憩功能，还有文化和历史上的意涵。除了我提到的六义园，另外还有小石川后乐园、向岛百花园等江户时代留下来的庭园，让现代人一睹以往文人的风雅。

秋日的六义园有夜枫可以欣赏，“枫叶和大名庭园的点灯”（红叶と大名庭园のライトアップ）已经成为近来东京兼具时尚

图 1-14

六义园一隅

和古典风情的活动。

东京或许是因为较其他地方温暖的关系，枫叶来得晚，可以维持到十二月初。记得一次，我从山手线的驹込车站出来，秋日晚上的微风吹来，附近就是古意的六义园，我看见门口排满准备欣赏夜枫的人，似乎大部分都是情侣。赏枫本来就是浪漫的事，夜枫更令人醉心。

我在加拿大住了许久，从这个枫叶之国来的我对于枫叶应该不觉得特别，但是日本的枫叶有种特殊的美，比起加拿大的枫

图 1-15

六义园的夜枫盛景

叶，显得秀丽、灵气，展现出日式的“枫情”。

枫叶在初秋、中秋和深秋都有不同的美感，在一天的不同时刻也有各自的美，我羡慕日本人可以在夜间赏枫，透过灯光、池水，一睹枫叶晚上的姿态。

六义园的夜枫更具风雅，使得夜晚的东京不只灯红酒绿，更可以在古代文士的庭园中，感受古今交错的情怀。

江户的结界：日光东照宫

> 穿三泉，下铜而致椁，宫观百官奇器珍怪徙藏满之。令匠作机弩矢，有所穿近者辄射之。以水银为百川江河大海，机相灌输，上具天文，下具地理。以人鱼膏为烛，度不灭者久之。（《史记·秦始皇本纪》）

这段话翻译成白话是：穿三泉而建的地宫，充满华丽的陪葬品，有水银川流的江河大海，有防止盗墓暗藏弓箭的精密机关，天花板装饰着天文星象图，地上模拟大一统的秦代疆域，还有用鲸鱼油做成的长明灯，照亮整个地宫，灯火通明，长时间都不熄灭。家天下的帝王，其野心抱负之大，不是凡人之辈可以想象的。

秦始皇统一天下，将当时的世界视为自己的家园，将自身的想法付诸实行——长城、驰道、统一度量衡、文字等。即使是死后的世界，他也不放过，他想将地上的世界搬进地下，统御人间，也掌握神灵。

天下就是我家

有野心的统治者不只秦始皇，只是他将野心推到了极端，无可避免地成为众矢之的。历史虽然已经成为过去，但仍然留下了痕迹，让观者感受到统治者的野心。

我在二〇一六年到了日本东北的日光，参观德川家康的家庙东照宫，当时震惊于其金碧辉煌与精雕细琢的建筑。除了美学上的感动，我无法在以往的思考坐标中找到适当的参照。

直到今年，我在京都参观第三代将军德川家光所建的二条城，才对于东照宫有进一步的认识。二条城盖在天子脚下的京都，离京都御所不过几米，其规模之宏大足显德川将军的权力。虽然天皇因为血缘关系而无法被取代，但掌握实权的是德川家。

二条城除了规模宏大，也企图以艺术形式呈现将军的地位，由狩野派画师所绘制的障壁画，表明了将军乃一国之主的实质权力。虽然德川将军在两百多年的统治中，并没有到过二条城几次，但二条城的存在让人明白：权力不只是生前的展示，死后的精神、灵魂和仪式的世界，也归德川将军所掌控。

日光东照宫：守护江户的陵寝

德川家康死后，被按照遗言放在骏府附近的久能山东照宫，一年之后改葬于栃木的日光山。家臣们在德川家康死后，讨论如何彰显他的伟大，如何以仪式将其神格化，并使德川家的权力永固。

德川家康选择的两个地点并非偶然：骏府的久能山与栃木的日光山，两者都具有神圣的意涵。

久能山是德川家康最早的根据地，东照宫邻近他退休后的居所骏府城，临海的位置，居高望远，有绝佳的景色。但他选择此地的原因不只风景。久能山的山门面西，如果延伸一条直线出去，一百公里外就是三重的凤来山寺，此地是家康的父母祈求药师佛如来赐子之处，后来家康之母梦中见到药师佛如来，也真的怀孕了。

这条线再往西就是家康的出生地冈崎城，再往西则是京都。久能山处在这条线的最东边，在神道的信仰之中，东边为神居之地，而庙门面西的久能山则将家康的出生、成长之地与京都联结在一起。

野心构筑出的建筑

栃木的日光山如何与骏府的久能山联系在一起呢？

日光山为佛教天台宗的重要圣地。德川家康与丰臣秀吉争天下时，天台宗佛教在关键时刻帮助家康夺得天下。江户为德川幕府的根据地，我在本书序言中提到日光山位于江户北方的轴线上，北方为北极星闪耀之处，而从久能山拉出一条东北轴线，中间穿过富士山，与江户北方的轴线交会之处即在日光山。

日光，为天照大神之意，即日本天皇的始祖。将德川家康葬于此，明显是想将此地变成日本的宗教圣地，彻底神格化德川家

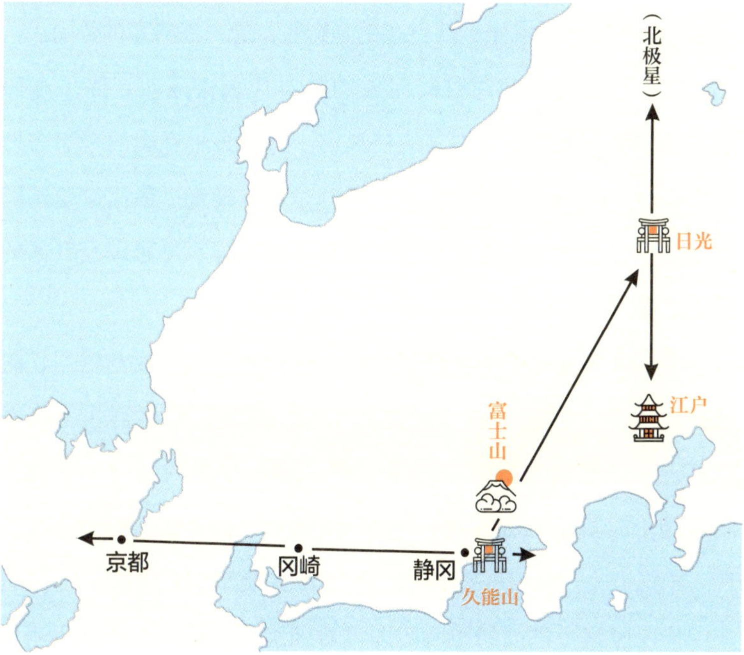

图 1-16

久能山、日光山等相对位置示意图

康的地位。从历史的发展来说，德川幕府虽然尝试取代天皇的权威，但始终无法遂其心愿。对于日本人而言，皇室是唯一的，而将军终究会离开历史的舞台。

日本皇室和德川将军的地位与企图，使得与两者有关的艺术，有完全不同的风格。皇室的艺术呈现稳定、自然和协调；由将军赞助的艺术则绚丽、夸张与大胆。

按照德川家康的遗嘱："在日光山建座供奉我的小祠堂，待我成仙为神，必将在此庇祐日本，守护和平。"而扩大东照宫规模的第三代将军德川家光，其心态更是膨胀，想一展将军的势力。

在十七世纪早期同时间完成的日本代表性建筑，除了东照宫，还有作为京都皇室别宫的桂离宫。研究日本庭园的专家布鲁诺·陶特（Bruno Taut）说："桂离宫是日本最终、最高的建筑的发光点。""这绝妙的艺术源泉无疑存在于冥想、凝思以及日本的禅学之中。"

川端康成也同意布鲁诺的看法，觉得桂离宫的简洁宫门，附近开放着苔藓之花，给人优美的印象。然而，东照宫作为将军陵墓，是炫耀将军成就的场所，其大量而精美的装饰，从人力的运用上计算，需要工匠一百六十九万个工作日，和助手们两百八十三万个工作日，两者相加约四百五十万个工作日。

从东照宫一进门的阳明门即可看到绚丽夺目的设计。阳明门高十一米、宽七米，整体颜色相当繁复，有黑、白、金、红、蓝

图 1-17

东照宫阳明门

绿、青蓝等色。门本身并不高大雄伟，其特色在于五百零八件的雕刻。门上的雕刻复杂细致，有祥瑞象征的龙、麒麟、龙马等中国神话动物。门正面有孔子、周公等画像，呈现有中国文化意涵的历史故事，显示将军按照儒家的精神统治天下；而背面的画像则是道家仙人，有期望将军能够永生的隐喻。

当时负责总设计的是御用艺术家狩野探幽，以及他所领导的狩野派画师。在设计上，采用日本特殊的工艺美术，包括漆涂、箔押和莳绘等，这几种工艺美术都和漆器以及金箔相关。所谓的箔押是先在漆板上打好底，接着上漆、贴金箔，设计图稿之后彩绘；而莳绘则是在漆器的表面以漆装饰图样或文字，接着再以金、银等金属色粉上色。由于漆器本身光亮，将金、银色泽的图案加诸其上，会呈现出一种厚重稳定的美感。

东照宫虽然是陵寝，但不只为了给死者安息与平静，德川家的子孙、辖下的大名诸侯都必须经常来参拜，奉上供品，显示顺从。

参拜时，只有位阶最高的武士才能从阳明门进入，进出时，雕刻以及视觉所见使得众大名都感受到德川家的权势。在江户时代，一般人只能站在阳明门外，能进入阳明门的只有重要的诸侯，阳明门之后的唐门只限更少数的重要家臣进出，因之唐门的雕刻比阳明门来说，逊色了一点。

唐门的形制与阳明门相同，都是四方轩唐破风屋檐样式，青铜色的屋瓦显得有点古朴，门上的装饰也是有儒家色彩的历史故事。较具特色的是两侧的梁柱，白色的柱面搭配黑色龙饰，左侧为降龙柱，右侧则为升龙柱。进入唐门之后，是祭祀的正殿。

退出历史舞台的德川家

在德川家康统一天下后，日光山具备的象征地位维持了两百多年，将军在此地打造足以与伊势神宫相抗衡的宗教中心，在死后的世界管理着天下，企图超越天皇，成为真龙天子。

图 1-18

东照宫

当德川幕府无法因应世界的新局势，退出历史舞台，东照宫的建筑没有倾倒、毁坏，仿佛发出如孔尚任的哀叹：“眼看他起朱楼，眼看他宴宾客，眼看他楼塌了。这青苔碧瓦堆，俺曾睡风流觉，将五十年兴亡看饱。”

日本人似乎有着某种怀旧心态，往往让不同时代的遗迹并陈，在现代与历史中一起活着。

第二章 东京的象征

东京的中心：富士山

二〇一三年六月，联合国教科文组织（UNESCO）世界遗产委员会将富士山列入世界文化遗产的名单之中，为日本的第十七项世界遗产。对我来说，惊讶的不是富士山终于入选，而是怎么到现在才进入世界遗产的名单中呢?

如果要找出日本文化的最佳象征，富士山无疑是最好的一个。

富士山不仅是一座山、一座美丽的山，也是朝拜的圣地、信仰的中心、文化的原乡、艺术家与作家的灵感泉源。联合国教科文组织就是将富士山记录为“信仰的对象和艺术的泉源”。

信仰的对象和艺术的泉源

作为信仰对象的富士山，不只属于宗教范畴，它根深蒂固存在于日本人心中，影响着日本人的深层文化心态，这种心态甚至形塑江户与东京的城市景观。

如果我说东京的文化、信仰中心不在东京内，而是远在一百公里外的富士山，或许有些人会觉得不可思议。然而这就是东京的真相。从幕府时代的江户到现在的东京，日本文化不变的中心就是富士山，我无法在中华文明当中找到类似的例子，这反映出日本文化的特殊性之一。

东京有些地名源自江户时代，像是“山手”与“下町”。“山手”和“下町”一开始指的是城市地形高低的不同，贵族住在地形高的小丘陵“山手”上，平民则住在小丘陵间的谷地“下町”。而在东京常见的地名，像是“富士见”或是“富士坂”，就是可以见到富士山的丘陵或是长坡。

知名的建筑史家阵内秀信曾经对十九世纪江户城地图做过详尽的研究，地图上展示了热闹拥挤的“下町”和在“山手”台地上的贵族宅邸。地图中作为背景的几乎都是富士山，不求比例缩放正确，那代表神圣性的存在，故异常地巨大，仿佛是江户的守护者。

远心力：江户的城市空间

阵内秀信在《东京：空间人类学》（东京の空间人类学）这本书中指出西方城市与江户的不同。他认为江户的中心不在城市之中，而在富士山和东京湾的轴线之上，这条线决定了江户的城市空间，一种被阵内秀信称为“远心力”的力量。

日本古代最重要的两个城市——京都和奈良，两者都在模仿中国城市的基础和思想上建造而成，根据青龙、白虎、朱雀和玄武等四方的观念，参照长安、洛阳的设计。然而，江户则不一样，它的基准点和中心在富士山，从当时的地图可以很明显地看到这样的思维——将军的“御城”是得面向富士山的。敬天畏人，富士山成为神圣的象征、崇拜的对象、文化的中心点。

崇拜山岳是日本传统宗教修验道的中心思维，而实践是修验道的重心，其中的“入峰”修行是在前辈修行者的带领下进入灵山。日文就有“山伏”一词，指的是隐居山林之人，入山修炼遵循一定的方式，以达成身心清净的目标。

从记录来看，富士山从平安时期（九世纪）就是许多民众的信仰。崇拜富士山的其中一个原因，在于它是一座活动的火山，人们惧怕它喷发，为了镇住富士山，就在其山脚建立了浅间神社（约十二世纪中期以后，富士山喷发不再那么活跃）。日本传统的山岳信仰渐渐与佛教、密教结合，将富士山作为朝拜的对象，后来连一般老百姓也加入参拜的行列。从室町时代末期（十六世纪）留下的《绢本着色富士曼荼罗图》就可以看到参拜富士的队伍。

海上远观的富士山

除了宗教上的神圣性，富士山的美也造就了大量的艺术作品。

江户时代最有名的作品就是葛饰北斋的《富岳三十六景》。葛饰北斋花了将近十年时间，画出富士山三十六种不同角度的样貌，不仅成就其个人艺术上的高峰，也造就了日本艺术的里程碑。其中最有名的就是《凯风快晴》和《神奈川冲浪里》，这两幅图的构图和用色都堪称浮世绘的最高杰作。（详见本书第一章。）

葛饰北斋的画作不只影响日本，早在十九世纪，他的画作就东传到荷兰，使梵谷大为激赏。除此之外，富士山的画作也成为西方人想象“东方”的一个重要元素。

《神奈川冲浪里》一直是我十分喜欢的画作，从海上远望富士，可以观其美丽的线条，也可以欣赏海景。我在二〇一三年底的日本行，选择了从海上观看富士山的最好办法——搭骏河湾渡轮。

从海上远观富士，其形状与弧线让它很容易与周边的山区隔出来，使人体会富士山之所以神圣的理由。那种美非人为造作可以形成，是只有自然的神来之笔才得以造就的完美。

骏河湾渡轮从静冈的清水港到伊豆半岛的土肥港，而骏河湾

图 2-1

海上远望富士山

的“三保松原”是一座半岛，其上绵延的海滩长达七公里，超过五万四千棵的松树更是美不胜收的景观。浮世绘大师歌川广重的《骏河三保松原》即以此为背景，渐层的用色，完美的构图，将富士山与骏河湾的比例切割得恰到好处。

日本花费了二十一年的时间，争取将富士山列为世界文化遗产，对于日本人而言，这是一项全民运动，也是凝聚大家认同的活动。当富士山登录世界遗产的那一刻，它不仅是日本人的富士山，也是全世界的富士山。

东京的玄关：百年车站与街道的历史记忆

或许由于东京的交通系统太过复杂，从外地进入东京的第一站往往不是东京车站。外国人从成田机场或是羽田机场进入东京，在上野、日暮里或是品川就可以顺着山手线等地下铁系统，到想去的目的地。日本国内的旅客要从东北、上越或是长野进入东京，也是在上野转乘其他列车；东海道的旅客则在品川车站转乘。

现在东京车站每天出入的旅客不一定有新宿、池袋等大站来得多，但是东京车站的意义不只在于交通，还在于文化、历史和象征的意义。

现代化的象征：东京车站

从东京车站出来，可以感受到日本现代化的历程，虽然说是现代化，但从明治维新至今，也已经一个半世纪了，现代化也成了历史的一部分。而在东京车站及其周边的丸之内，可以看到明治时代传入的伦敦建筑风格和大正时代的纽约建筑风格。丸之内指的是由东京车站到皇居之间的这段街区，主要从一丁目到三丁目，而东京车站前方的东西向道路是行幸通，是天皇从皇居出来到东京车站的这段路。

在二〇一二年的十月一日，以红色砖瓦（赤レンガ）建筑而成的东京车站，结束复原的工事，以一百年前开幕时的风采重现于世人眼前。二〇一四年是东京车站开业一百周年。从明治时代以来，朝着现代化道路迈进的日本，大量建设铁路，面对皇宫的东京车站像是日本走进现代的玄关，是重要的象征。

丸之内

东京车站所在的丸之内，从德川幕府到近代历史，其地位等同于“京畿重地”。虽然历经岁月淘洗，但是尊重文化和历史的日本人，仍希望车站尽量复原现代化初期的样貌。

城市的发展有其延续性，丸之内这块区域也是如此。其得名来自江户时代，当时有两重护城河，处于护城河之间的就是丸之

图 2-2

东京车站

图 2-3

夜晚的东京车站

内，主要是武家诸侯的宅邸。明治维新后，天皇从京都移居江户，江户成为现在的东京。因为当时国家刚刚统一，兵事倥偬，所以丸之内包含很多的兵舍和官厅，像是海军省、陆军省和练兵场。

当日本逐渐走向现代国家的道路，为了东京的现代化，明治二十一年（一八八八年），东京市区的都市计划通过，决定释放丸之内的土地，开放民间购买，而三菱集团的创办人岩崎弥之助（一八五一年～一九〇八年）就买了八万四千坪土地。

伦敦风的东京

江户时代，东京大部分的建筑都是木造的日式房子，很容易引起大火。岩崎弥之助委托从伦敦来的建筑师 Josiah Conder（一八五二年～一九二〇年）计划丸之内。Josiah Conder 可以说是日本近代建筑之父，毕业于伦敦大学，师从十九世纪英国歌德建筑大师 William Burges。Burges 堪称维多利亚时代英国最重要的建筑师之一。Josiah Conder 一开始应聘于工部大学校，即后来的东京大学工学部，所教育的弟子建构了整个日本近代的建筑景观，像是设计东京车站和日本银行本店的辰野金吾、设计京都国立博物馆和奈良国立博物馆的片山东雄。

Josiah Conder 在明治二十七年（一八九四年）完成三菱最早的办公大楼三菱一号馆、二号馆和三号馆，其后丸之内一丁目盖好的办公大楼也仿造当时的英国风，故有“一丁伦敦”的说法。Josiah Conder 确定了丸之内整体的风格，为了使街市没有严重的压迫感，当时的建筑物规定在十五米的高度。

Josiah Conder 将一生奉献给日本近代的建筑，居住在日本的四十三年期间，只回去英国一次。他娶了日本太太，并对日本文化有浓厚的兴趣，曾向浮世绘大师河锅晓斋（一八三一年～一八八九年）学习日本画。

纽约风的东京

从明治走进大正、昭和时期，日本进入了二十世纪，东京车站在一九一四年开幕，为了天皇出巡的行幸通也开通了，七十二米宽的道路直通皇居外苑，路上的办公大楼一栋一栋盖了起来，包括东京银行集会所、日本工业俱乐部会馆、东京海上大楼、日本邮船大楼，带来当时美国纽约的建筑风格，故有“一丁纽约”的说法。

丸之内作为东京的中心，而东京车站可以说是丸之内的颜面，由此形塑空间的整体感觉。东京车站的设计者辰野金吾是 Josiah Conder 的弟子，他同时也设计了位于丸之内的日本银行总部。

东京车站的保存

东京车站作为东京现代化的先驱，改变了传统的木造建筑，使用文艺复兴样式的红色炼瓦，而炼瓦则采用英国的制造方式。

刚开始的东京车站只有四条线路，日俄战争之后，于皇居正面开始建设。车站在关东大地震中没什么损伤，但在第二次世界大战的空袭所导致的火灾中，屋顶被烧毁，但幸好基本骨架、造型和结构都还完好。

随着战后的发展，东京车站原来的面积虽然没有增加，但因为铁道与地下铁的发展，到现在已经有 3.6 个东京巨蛋大小、十八万二千平方米、二十八个月台，是一个一天发出三千七百列火车的超大型车站。

日本人面对东京车站的扩张，不是拆除旧有的车站建筑，盖起更大、更新颖的车站，而是选择在不破坏主体造型的状况下，往地下发展。面对完成将近一百年的车站，日本人选择的是加强结构，并努力使用原有的工法、原料和技术来保存。

从东京车站走出来，俯拾即是一百年前的痕迹，这些痕迹历经岁月，不见其风霜，原因在于丸之内的保存运动。

保存与继承街道的记忆

平成二十一年（二〇〇九年），日本最早的洋风办公大楼三菱一号馆复原完成。原本在一九六八年因为建筑老旧而解体的三菱一号馆，为什么要复原呢？是为了保存与继承“街的记忆”，而日本人对于街的记忆是什么呢？

昭和四十三年（一九六八年），明治维新一百周年，三菱集团将三菱一号馆拆除。同年四月，随着丸之内建筑高度限制解禁，三井不动产完成了一百五十六米的霞之关大楼（霞ヶ関ビル）。

一九六八年时，社会整体的氛围觉得三菱一号馆“陈腐化、老朽化”，需要通过超高层大楼来再生丸之内的都市空间。当时正面临日本战后的经济高度成长期，需要超高层大楼来搭配。然而，当大楼一栋一栋盖了起来，才发现发展并不是硬道理，街角的记忆、城市的过去都是人与建筑和景观之间的对话，都是生活的回忆。二十世纪九十年代至今的日本人，在泡沫经济的影响下，开始思考发展的方式，那不是斩断过去、盖起高楼，而是人与生活空间的相处，并且继承街角与城市的记忆。

一八九四年完成的三菱一号馆，是日本最早的洋风大楼之一，其后丸之内商业街从这个起点开始，构成了整个街区的风格。最后，回到原点，找寻记忆的源头，三菱尝试将解体的大楼盖回来，平成十六年（二〇〇四年），使用原有的设计图、实测图以及当初剩下的材料，尝试以原有的炼瓦工法和制作技术重建三菱一号馆。过去的记忆虽然无法回复，但是通过街区的营造，我们能了解城市的过去，通过历史与现在的对话，能了解城市的层次。

天皇东迁的居所：皇居与东京

罗兰·巴特（Roland Barthes）曾经在《空洞的市中心》（*Centre-Ville, Centre Vide*）一文中提到东京：

> 它的确有一个市中心，但这个中心却是空的。整个都市围绕着一个既禁闭且无人关注的地方，这个居所绿荫掩蔽，护城河保护着它，天皇居住于此，无人看得见，也就是说，照字面来看，我们不知道谁住在里面……（东京）的中心仅仅是个草率的概念，其存在不是为了炫耀权力，而是为了让所有都市活动能够去支撑那种空无的中心特性。（《符号帝国》，江灏译，麦田出版社）

罗兰·巴特虽然擅长通过符号和概念认识世界，但对于东京的理解却缺乏历史和社会发展的面向，仅留在表面的层次。皇居在东京的城市发展上不是“空洞的”，反而填满了各种想象，充盈着日本人对于国家、民族、天皇和历史的记忆与象征，他们通过这个空间，在现实政治与传统间不断地拉扯、对话和妥协。

天皇在东京的住所

现在天皇的住所称为“皇居”，但第二次世界大战之前称为“宫城”。公元七九四年，天皇居处从奈良迁到京都御所，超过一千年没有改变。但江户时代末期，当时提倡“大政复古”，要改变七百年来武士控制朝政的状态，让权力重新为天皇所掌握。

明治天皇在一八六八年决定迁都江户，改名东京。作为京都的对照，皇居就设在以往的江户城里，隔年东京城也就称为“皇城”。以往旧的江户城里，德川将军还有随行人员都在其中生活，然而一八七二年的大火将居住空间和庭院烧毁大半，天皇只能在赤坂离宫中生活十年，招待外国人的地方则在明治时代所建的迎宾馆。

随着明治政府成立，新宫殿也落成，大量的行政机关设立在东京的霞之关。为了迎接新时代，建造新宫殿耗费将近四百万日元，占当年度国家总预算的百分之五。建筑采“和洋折衷”，外面的宫殿，也就是接待外宾之处，日常用来宴会、舞会，格局是西式宴会场，但天花板采用和风的花纹，并且装饰日本传统的漆工、金工和织物。内宫则是和风木造的平房，较符合天皇的生活形态。

虽然明治天皇被认为是“神”，宫城必须保持神秘感和权威性，但一般人都可以通过申请进入参观，这多少是因为新宫殿花费的金额太多，有将近 10% 的费用是民众自发性的捐款。政府为了表示感谢之意，便希望通过参观，让民众知道钱花在哪里。除此之外，师范学校的学生、老师，或是贵族院和众议院的议员，军队相关人士，可以组团参观。

从明治时代到大正时代，参观宫城的人数更多，政府多少是想利用这样的方法，让来参观的人回到各地方后，宣扬天皇的恩泽，达成宣传效果。

然而，大正末期由于传染病的问题，人来人往容易造成集体传染，曾经终止参观宫城的活动。其后日本发动太平洋战争，当时有所谓的“遥拜宫城”仪式。“遥拜”是对神和佛的行为，遥拜宫城是将天皇神格化，当时在各地的日本人，例如朝鲜、中国、东南亚，会在同样的时间对着宫城的方向遥拜，成为一种共同习惯。

占领下的皇居

然而，即使是神的居所也会遭到轰炸，一九四五年的东京大轰炸，各地陷入一片火海，皇居也遭火势波及，明治时代所盖的宫殿几乎全毁。同年八月，美军在广岛和长崎投下两颗原子弹，结束了战争。皇居如何从废墟走向战后，不仅关系皇居存在的空间，也关系日本人在战后如何看待天皇。

如何定位天皇和皇居的空间象征息息相关。战后在美国占领与主导下的日本，订定了所谓的《和平宪法》，防止军国主义复辟。天皇在战后的形象成为“文化的象征”。相较于战前的“神格化”，战后的天皇也要跟着“民主化”，走亲民的路线，争取民众支持。

战争结束不久，废墟中的皇居尚未重建，就有人讨论皇居是否该迁移，日本是否要迁都。天皇的弟弟高松宫认为首都可以迁到奈良，主要的原因在于要回归古代，脱离明治时代军国主义的形象；也有人提议回归京都，远离政治中心。

还都京都的说法也有来自民间的支持，曾经担任名古屋市长的小林橘川就主张应该回归近代以前的政治景观，让天皇成为象征的存在，脱离东京的政治中心。他认为近代宪法制定后，日本成了穷兵黩武的国家，为了返回以往的和平，必须迁都回京都。

想要迁都的人士多半认为战前的军国主义并不是日本历史的正常发展，返回京都可以让天皇成为日本文化的象征，许多人也认为日本近代的发展是错误的，必须忏悔。

皇居现址重建或迁移？

相较于迁都的说法，有一派人士认为皇居应该留在东京。战败隔年，东京都的复兴计划提出，将皇居也纳入其中，计划将旧皇居的一部分规划成公园，并设立美术馆、音乐厅和国家的剧院，让皇居附近成为“文化和平国家”的象征。

以往的皇居称为宫城，过于有权威感，一般民众无法亲近，多少让人想起防御和进攻的历史记忆，也有充斥着武士的感觉。随着《和平宪法》实施，皇居就是天皇的居所，废除宫城之称。在新的体制下，将皇居周边规划成国民可以参与活动的场所。

随着战后东京逐渐复原，天皇与国民互动的机会增多，通过开放皇居，让国民得以亲近皇室的生活。一九四七年，开始开放团体参访，隔年开放一般国民在特定的日子参访。

昭和二十三年（一九四八年）的元旦和天长节都有超过三十万人到皇居参贺，显见天皇在国民心中的地位并没有因为战争而改变，而天皇和皇居在战后仍有它的生命力，持续在日本社会维持着形象。

既然新宪法确定日本仍然维持天皇制，国民也认为天皇是国家的象征。在此宪法下，皇室不能高高在上。一九五八年，明仁皇太子与正田美智子结婚，是皇室历史上第一次与平民通婚，当时媒体大加报道，造成狂热的议题。

国家重要的仪式都需要天皇，如果缺乏适合的场所，便无法维持这些仪式。建设新皇居时，在新宪法架构下，宫内厅召开了很多次公听会。不是所有人都赞成在东京修筑皇居，其中反对最激烈的是住宅公团的总裁加纳久朗，他提倡要开放皇居，认为皇居是多余的，是封建专制的象征，不应该在战后的民主国家中存在。

从都市的发展角度来说，皇居对于东京的城市计划也相当不利，因为它坐落在城市的中央，使得道路、地铁都必须绕道而行，有人认为最好将皇居迁离东京。至于迁离的地点，也引发很多人讨论，作家吉川英治觉得搬到多摩丘陵，有的认为到富士山麓，还有三浦半岛、京都御所……各式各样的地点。

然而，也有很多人反对皇居迁移，像是西武铁道的创办人堤康次郎、道路公团的总裁岸道三，认为皇居对于都市发展没有什么不良之处，而且如果觉得碍事就迁移皇居，是不尊重日本传统和文化的表现。经过一连串讨论后，皇居还是维持在原址。

一九六〇年，由丹下健三和村野藤吾等专家提供建议，他们认为明治时代的宫殿强调“威严主义”，不符合新时代的精神，新的皇居必须符合日本天皇制的传统，同时又是现代建筑，符合当下象征天皇制的精神。

上皇要住哪？

新的皇居完成于昭和四十三年（一九六八年），昭和天皇驾崩后，现在的明仁天皇居住于其中。然而，年事已高的天皇在最近丢下了一颗“震撼弹”：因为身体的关系，无法履行天皇的义务，他表明“生前退位”的意愿。2017 年日本参议院通过特别法，允许明仁天皇退位，由皇太子继位，现任天皇将称为“上皇”。

两个天皇都要住在皇居当中吗？这个问题引发日本民众的热

图 2-4

皇居一景

议，京都的民众也很关心，有意邀请“上皇”至京都。京都市长门川大作最近提出“双京构想”，希望将皇室的部分成员迁至京都，皇室的典礼和活动可以在京都举行。

退位的天皇不一定会搬到京都，但由此可以看出，皇居的象征牵动整个国家的文化与传统，还有日本人对于历史的想象。不管是过去神格化的天皇，或是现在民主化的天皇，东京的皇居不是罗兰·巴特所说的“空洞”，相反的，充满想象和记忆，也承载着过多的历史——既要象征民主化时代的皇室，同时承载着军国主义遗留的历史。皇族除了必须在大众前展示家庭关系，还要顺应时代潮流，顾及国民的情感。

东京的人造森林：明治神宫

日本新年最重要的活动就是到神社参拜。日文中的“初诣”（はつもうで），也称为“初参”，指新年（初一到初三）第一次到神社或寺庙参拜，感谢神灵们对于过去一年的保护，也希望新的一年顺利平安。“初诣”人潮最多的地方是东京的明治神宫，每年正月的头三天就有将近三百万以上的参拜者，在日本神社中首屈一指。

过农历年到明治神宫初诣，并不是很久远的传统，甚至看似古朴的明治神宫，其历史也不到百年，它的建造是一段“传统”与“现代”的对话，是日本现代化的一部分。

钢筋水泥中的原始林

从山手线的原宿站出来，是东京年轻人的流行圣地，往前走一点则是表参道，聚集高级时尚品牌的青山地区，有许多由知名建筑师设计的大楼。

广达七十万平方米的明治神宫，面积将近三个台北大安森林公园大小，整片森林在寸土寸金的东京市中心成为奢侈的存在。在人口多达一千两百万人的东京，明治神宫茂密的森林成为都市人舒展身心的场所，不仅是市民参拜的地点，还成为类似公园的空间。

令人惊讶的是，在二十世纪初期，这座森林并不存在。从记载看，这里有一株巨大的枞树，长在大名彦根藩的宅邸之中，十分有灵气，根部的洞穴充满着从树上滴下的灵水，听说对于治疗眼疾很有功效。这株枞树不知生长了多少年、历经多少代，枯死之后又复生，成为地名“代代木”的由来。

不只明治神宫的森林，明治神宫一直到今天青山一带的“神宫外苑”，也是现代化过程的创造。那里是一处类似公园的区域，周日往往聚集大量人潮。秋天时，外苑的银杏并木处，是赏黄叶的最佳去处。

除此之外，外苑还包含霞之丘竞技场、神宫外苑球场、圣德绘画纪念馆等，都是由属于“宗教法人”的明治神宫管理局所经营。

从明治神宫的历史可以看到日本人如何思考自身的“传统”与“现代”，两者并不是矛盾与对立的，而是并行，共同撑起了日本现代的文化。

明治天皇驾崩

一九一二年的夏天，东亚世界的岛国不平静，即位四十五年的明治天皇驾崩了。日本历史上有超过百位天皇，所以崩了一位也不是什么新闻。但是，明治天皇驾崩可不一样，是“真的新闻”。从明治维新开始，大量的现代设施与文化传入日本，新闻报纸等现代传播媒介开始成为日常生活的一部分。明治末年，媒体文化已经发展到一定的成熟度。

天皇驾崩成为当时媒体第一次处理的重大问题。媒体很谨慎，政府也相当紧张，因为这是第一次立宪君主驾崩。在旧体制中，天皇近于神，一般民众虽然知道有天皇的存在，却见不到。但在立宪君主制下，一君万民，天皇成为国家的领导人，必须通过公开地“展示”，拉近与民众的距离，让民众感觉到天皇的存在。

天皇要怎么纪念?

天皇死后，以东京市长阪谷芳郎为首，提出将明治天皇葬在东京的陈情，指出这是全体东京人的愿望。

明治维新之后天皇东迁，以东京为首都。但是，京都出身的明治天皇曾经表达过驾崩后想回葬故土的意愿，因此他的皇陵选择京都的伏见桃山。

天皇陵无法设置在东京，但是东京民众对于明治天皇有异常的感情，因为明治维新就是以东京为中心的国家统一运动，日本也因此进入现代化。不管是帝国宪法的制定、帝国议会的开议，或是发布教育敕令，在在都是奠定近代日本发展的基础，而且更在日俄战争之中打败了俄国，成为世界强权。

以企业家涩泽荣一（一八四〇年～一九三一年）为首的请愿运动，向政府提出明治神宫的纪念运动。但是，天皇要怎么纪念呢？要如何让后世了解明治天皇的伟大呢？

当时很多人参考西方国家的做法，提出了立铜像、博物馆、美术馆、公园、养育院、学校、发行邮票等“现代”的纪念方式，主张这些公共建筑与纪念物可以宣扬明治天皇的圣德，永怀其功绩。但是也有人觉得除了仿照西方做法，也必须尊重日本的“传统”。明治维新确认了神道教是以天皇为主体的信仰，虽然国民有信仰的自由，但是信奉神道是国民的义务，所以公园、博物馆、铜像无法彰显日本的宗教仪式。

于是，在“传统”与“现代”的两种力量之下，东京商业会议发起一场由下而上的陈情，企业家和议员上书政府的“觉书”，提议将明治神宫分成内苑、外苑。此提议成了现在神宫内苑与神宫外苑的配置，前者是“神道”的体现，后者则是现代性建筑。本来“外苑”是举办明治天皇即位五十周年的“日本大博览会”场地，后来因为明治天皇驾崩而取消，原来参与博览会的企业家转而支持明治天皇的纪念事业。

国家与社会的力量共同在明治神宫的建造上展现出来，内苑的经费由政府负担，外苑的建造费用则由民间“献纳金”集资而来。

象征日本帝国的森林

神宫内苑成了国家计划性创造的信仰空间，从本来只有一株的“代代木”创造出广阔的森林。对于日本人而言，森林具有宗教象征，即使大规模工业化与现代化，目前日本国土仍然有 70% 的面积为森林所覆盖。

神道认为万事万物皆有灵，自然的创造物背后都有其神性，森林及树木所聚集之处就成为重要的信仰空间。

根据植物学家研究，明治神宫的树木种类汇集了日本全国而来的三百多样树种，并不只是东京当地的树种。在建造明治神宫的过程中，以“献木”的运动为名，号召全国各地捐献树种，最后，这座森林移植了多达九万株以上的树木。

明治神宫不接受国外的树种，必须是日本“国”内的。从树种加以研究，就可以知道当时日本国的界线在哪里，或是他们心目中国家的界线何在。明治神宫除了有我们所知道的当代疆域，像是北海道、本州、四国、九州、冲绳等地的树种之外，还包含了当时的殖民地台湾地区、朝鲜与“关东州”的树种。明治神宫的大鸟居就是以台湾丹大山的扁柏所制，由此可见台湾在其帝国之中的重要性。

通过树种，我们可以知道明治神宫是日本帝国空间想象的具体表现，森林象征着日本帝国的神圣领土，而坐落于森林中的神宫则是日本帝国的创建者、被神格化的明治天皇。

相较于具备宗教信仰空间的神宫内苑，外苑则是世俗化、现代化的公共空间，建立了西式的球场、纪念馆、体育场、绘画馆，希望培养国民对现代化过程中引进的西方运动、绘画和文化的兴趣。

从神宫内苑到神宫外苑，具体说明了日本人在思考西方与东方、现代与传统等课题时的复杂度。在现代化的过程之中，同时也为传统立了神主牌，寻找文化上的寄托、精神上的象征，与宗教的凭依。

东京的代名词：东京铁塔

来吧，我们要建造一座城和一座塔，塔顶通天，为要传扬我们的名，免得我们分散在全地上。

《圣经》有个巴别塔的故事，当时人类的语言相同，沟通没有障碍，但人类骄傲、自以为是，觉得自己可以与神平起平坐，想建一座通往天上的塔。上帝生气了，让人类说着不同的话，有了语言的隔阂，彼此无法沟通后，就无法再建巴别塔了。

建塔一直是人类自信与文明的象征，即使《圣经》已经训斥人类的骄傲，但当人类掌握技术文明后，仍对于塔有着执着的迷恋。塔从平地而起，向天空伸展，通往未知的蓝天，象征着人类科技的胜利，还有对于文明的投射与想象，期待未来会更好。

一八八九年，巴黎的埃菲尔铁塔完工。当时的设计师埃菲尔认为人类的未来就居住在钢筋所筑的建筑当中，所以钢骨所造的铁塔是一种对于未来文明的想象，也象征近代文明的技术高点。此后铁塔也变成巴黎的象征，与巴黎的形象无法分离。

日本有座仿造埃菲尔铁塔所盖的东京铁塔，这座通向天际的塔是日本技术与文明的成功，代表一个城市从破败走向复兴，同时也是爱情、亲情与记忆的投射。

完成将近六十年的东京铁塔，走过了一甲子，是东京的地标，是这座巨大城市无法分割的一部分。二〇〇五年上映的电影《Always 幸福三丁目》中的地点“夕日町三丁目”虽然不存在，但从电影中可以看到正在建设的东京铁塔。当时日本处于“二战”后经济高速增长期，电影具体反映了东京当时的景象和社会发展，城市中大多是日式木造平房，窄小巷弄里，认识的邻居彼此帮忙，鸡犬相闻，人际关系相当紧密。

电影中，堀北真希所饰演的六子，中学毕业后就从东北的老家来东京工作。由于经济快速发展，劳工不足，当时有相当多的企业和工厂到乡村寻找人力资源。日本国产的汽车也在当时量产，六子就任职于大型汽车工厂。从电影可以看到一个快速变动的时代——一个虽然贫穷，但到处都是希望的时代，只要努力工作，就有可能改变未来。

电影的时代是一九五八年，隔年东京铁塔竣工。最后一幕，大家看着即将完成的东京铁塔，充满着对于未来的希望，也象征日本战后的复兴。

为什么要盖东京铁塔?

位于港区芝公园四丁目的东京铁塔，建设的目的是传送电视信号。“二战”后的日本开始制造电视，电视台都有自己的电波塔，高度大约一百五十米，但只能传送半径七十公里左右的距离，因此大东京地区电波塔林立，破坏了景观，再加上航空安全也受到影响。为了解决这些问题，各家电视台共同出资兴建东京铁塔。

高度三百三十三米的东京铁塔，竣工时是当时世界第一高的铁塔。我们可以回到那个时代想象一下：一九四五年“二战”结束，东京在战争末期遭遇大规模轰炸，连皇居都破损不堪，一般民居更难以幸免。十三年之后，东京铁塔完成时，虽然日本已经复原了一阵子，但整个东京几乎都是平房或低矮的楼房，还看不到超高层的建筑，所以东京铁塔是富士山以外，东京最明显的地标。

“世界第一”是很令人着迷的一个词，当时日本逐渐走出饥荒、贫穷和残破，走向复兴、成长和富裕。国产的电视、冰箱和洗衣机，还有家电和汽车的制造技术都有所突破。在生产这些民生必需品的同时，国民收入也一直增加，让每个家庭都可以买得

图 2-5

东京铁塔

起这些东西，享受新技术的发展。

昭和三十三年（一九五八年）东京铁塔开始使用，除了有电视信号的传送功能，人们也可以登塔俯瞰东京。刚建成时，排队要登塔的人潮超过两公里。建成五年，已经有两千万人次参观。然后，连怪兽也找上了它。

为什么魔斯拉要攻击东京铁塔?

东京铁塔虽然象征了一个复兴的时代，但也不是所有人都对新时代感到放心，怪兽魔斯拉本人就不开心。日本怪兽电影当中的哥斯拉（ゴジラ）或是魔斯拉（モスラ）都喜欢攻击东京的知名地标，一定不会放过东京铁塔。

第一个攻击东京铁塔的是魔斯拉不是哥斯拉，因为哥斯拉的第一部电影在一九五四年拍摄，当时东京铁塔尚未完成。

魔斯拉的原著小说《发光妖精和魔斯拉》并不是大众小说，是纯文学作品，本来没有打算拍成电影，小说暗喻着当时美国和日本的关系。一九六〇年代大规模的群众运动，围绕着《美日安保条约》，日本虽然在《旧金山和约》后获得独立，但是安保条约让美军得以驻日，美国在日本的犯罪搜查也属于美国人，日本没有完全的司法权。所以当魔斯拉攻击东京时，日本还得央求美军出动战机帮忙。

书中写魔斯拉结茧的地点不是东京铁塔，而是国会议事堂。小野俊太郎的《魔斯拉的精神史》指出，由于东京铁塔象征着电视时代的来临，制作电影的东宝电影公司对于电视时代是有所恐惧的，害怕电影的票房大幅滑落，成为没落的产业，因此电影版魔斯拉的头号敌人就是东京铁塔。

感情的地标

上塔俯瞰东京是一种感觉，但远望东京铁塔又是另外一种感觉。在经济高度发展的年代，东京铁塔的高度似乎代表着经济景气，拔地而起的高塔象征着乐观向前。但在经济衰落的年代，可以看看铁塔在夜晚散发出来的光芒，相当柔和，带着温暖，让人平服自己的情绪。

东京铁塔也是爱情、小说、电视剧和电影中的隐喻。时代进入二十世纪八十年代，松任谷由实和角松敏生两个歌手都曾讴歌东京铁塔，前者有《手心中的东京铁塔》，后者则有《Tokyo Tower》。东京铁塔有着都市男女情感纠葛的记忆，充满欢笑，但也有分离的悲伤，它被吟咏或书写，成为意象更为丰富的地标。

从八十年代走到新世纪，江国香织的《寂寞东京铁塔》更是一开头就说："世界上最悲伤的景色，莫过于被雨淋湿的东京铁塔。"这部小说的故事主轴是两个十九岁男孩与已婚熟女的不伦恋情，相较于八十年代的东京铁塔带有纯纯的爱，此时的东京铁塔则充满情欲，成了寂寞的投射物、回忆的伤心地。

寂寞的铁塔，也有人视它为幸福的象征，据说在半夜十二点看到铁塔照明消失的情侣，会获得幸福。在《岛耕作》漫画中，还把东京铁塔当作一只大蜡烛，半夜十二点将蜡烛吹熄，就进入幸福且充满情欲的夜晚。

东京的代名词

二〇〇五年出版的小说《东京铁塔：老妈和我，有时还有老爸》是中川雅也自传性质的小说，卖了超过两百万本，触及了很多日本人的心，书中有一种离乡背井到异地工作的乡愁。

这本书的情节其实相当平凡，主角从小由妈妈单独抚养长大，妈妈为了生活，在小吃店辛苦工作，虽然忙碌，但总是无微不至地照顾着孩子，不因为孩子不理想的成绩而生气。平凡的主角决定到东京闯一闯，想靠插画和写作在这个巨大的城市中讨生活。当主角有点成绩后，母亲也来东京一起住，却发现罹患了胃癌，开始与病魔对抗。最后主角连带母亲到东京铁塔的愿望也无法达成。小说中说东京铁塔：

> 那像是陀螺的蕊，准准地插在正中央。插在东京的正中央、日本的正中央，插在我们梦想的正中央。我们聚集了过来。追求那未曾见过的灯光，被紧紧地吸引了过来。从故乡坐火车一路摇晃着，心也摇晃着，就这么地被拉过来。

东京晴空塔在二〇一四年完成，取代东京铁塔的功能，由日本电视、TBS、富士电视台、朝日电视台和东京电视台共同出资，高度六百三十四米，将近东京铁塔的两倍。当电视的信号完全移到东京晴空塔之后，东京铁塔丧失了本来的功能，但它永远是一个城市的象征、记忆的投射，伴随着城市发展，存在于东京人的心目中。

繁荣的象征：一九六四年东京奥运及其时代

《读卖新闻》于二〇一一年举行“昭和时代的象征”民意调查，排名最高的不是第二次世界大战，而是一九六四年的东京奥运。这两件事都是令人印象深刻的记忆，但美好的记忆总是较令人难忘。

日本是亚洲第一个举办奥运会的国家，今年是东京奥运举办的五十三周年纪念。根据国际奥委会所公布的消息，东京赢得二〇二〇年的奥运举办权，即将再次举办奥运会，再度超越所有亚洲城市。

奥运从来就不只是运动盛事而已，而是民族自信心的投射，是国力兴衰的表征，同时也带动经济、社会与文化的成长。

一九四五年于广岛和长崎投下的两颗原子弹，使得日本政府无条件投降，结束了第二次世界大战。日本由美国托管长达七年的时间，直到一九五二年，日本政府才逐渐掌握重建的权力。

因为朝鲜战争的关系，美军将日本作为军需供应的基地，加速了日本战后的经济成长。一九六〇年，担任首相的池田勇人提出“国民收入倍增计划”，在十年之间将GDP由十三兆日元增加到二十六兆日元。

“已不再是战后了！”这句话在东京争取到一九六四年奥运会举办权的前后几年大为流行，不仅使用于经济报告，也成为当时的流行用语，塑造一种意识形态。评论家中野好夫在《文艺春秋》发表《已不再是战后了》一文，指出：“对于败战的教训之反应，不论光明与黑暗……差不多是时候了，我们败战的伤痛必须以更沉潜的形式让它活在未来。”把伤痛藏在心里，并且以它为力量，走向未来，东京奥运就在这样的时代氛围中，拉开序幕。

代代木竞技场

东京奥运的运动场馆，最令人惊艳的就是由丹下健三（一九一三年～二〇〇五年）所设计的代代木竞技场。由于以往亚洲的建筑师没有设计过如此大型的体育场馆，代代木竞技场对于日本建筑师和结构设计的运算都是一大考验。

丹下健三毕业于东京大学建筑系，在日本战后的建筑家系谱中，与前川国男算是第一代；第二代则是一九二八年出生的槙文彦、菊竹清训，一九三一年和一九三四年出生的矶崎新、黑川纪章，以及一九四一年出生的安藤忠雄和伊东丰雄。

出生于战前的丹下健三，经历过战争洗礼，在战争期间没有什么建筑可供设计，于是进入东大研究所继续进修，直到战后才得以大显身手。一九六四年东京奥运的主场馆代代木竞技场就是丹下健三的成名之作，当时他年逾五十，创造力和执行力都达到巅峰，搭配结构师坪井善胜，解决建筑结构上的设计难题。

当时没有电脑运算，代代木竞技场最特殊的是，一百二十米长的空间中没有落柱，为了展现出广阔的空间感，以吊桥般的造型，创造出悬吊的大跨度空间结构。而外部则是涡形螺旋状的流线建筑。

丹下健三不单纯是模仿国外，也从日本古代神社的圆形和竖穴式住居中得到灵感，发挥高度想象力与创造力，结合建筑材料，突破体育场的空间模式，既符合功能需要又有设计上的美感。代代木竞技场堪称划时代的作品。这座体育馆还得到国际奥委会（IOC）的特别功劳奖，在奥运历史上可说是空前绝后。

东京奥运的所有场馆都在举办前一年陆续完成，甚至前一年的十月就举办体育周的活动，测试场馆以及熟练运动赛事的进行，期望在正式比赛时零错误，具体地展现出日本人工作的细致程度。

一系列的大型建设

东京奥运不只是运动会而已，日本一系列的大型建设计划也随之进行，像是东海道新干线、名神高速公路、地下铁系统。东海道新干线在奥运开始之前的九天营运，是当时世界铁路技术的重大突破，时速高达两百公里的子弹列车为人类交通史奠定重要的里程碑。

战后残破的东京，铺有柏油的路面只占 30%，在奥运前夕则达到 70%，环首都圈的高速公路也完工，这一时期所采用的高架道路，即使在今日仍是东京的都市景观之一。

东京地铁的路网也随着奥运会铺设，为了方便旅客，从羽田机场通往市中心的单轨电车也与路网连接起来。相较于奥运会花费的四亿五千万美元，大建设的资金超过六十四亿美元，可见奥运所带动的整体建设，加快了东京建设的速度。

如何招待外国人？

二〇〇八年，北京在奥运会之前推动了一系列文明运动：不随便吐痰、不随地大小便、文明过街、拾金不昧、排队上车等。一九六四年的东京奥运也有类似的文明运动，通过奥运，加强垃圾的回收与街道的美化，并宣传所谓的“禁止事项”，像是：在路上禁止饮酒，不随便丢弃烟蒂，禁止随地小便（日本人本来就不会随地大便），不在电车上大声说话等。除了“禁止事项”，也希望民众能热情接待外国人，在比赛时保持风度，即使日本输了也要热情鼓掌。

当时到访的外国人惊讶于日本人的国民素质。我们在上一次日本举办世界杯时，也见到日本人将球场中的垃圾都收拾干净。

圣火闪耀在每个人的心中

奥运会前的两个月，一场盛会的热身就开始了，从希腊所点燃的圣火，在海外十二个城市巡回之后，专机送抵日本。

当年奥运圣火也抵达台北市区绕行，以前的台北市立体育场前仿照了一座毛公鼎，点燃圣火，这也是唯一一次奥运圣火进入台湾地区的纪录。

日本的圣火传递从美军占领下的冲绳开始，分成四路的跑者传递，跑者的年龄都在十六岁到二十岁之间，在大会当天抵达了东京，由早稻田大学的学生坂井义则点燃奥运会的火焰。

选择坂井的原因在于他出生于一九四五年八月六日，也就是广岛原子弹爆炸的那一天。所以，东京奥运会也有走出战争、迈向和平与新时代的意味。三岛由纪夫在当时写下了《结合东洋与西洋之火》，文中提到：

> 他（坂井义则，最后的圣火传递者）右手将圣火高高举

起的时候，被那白烟围绕的胸前的国旗，恐怕闪耀在每个人的眼中，这样的感情并不夸张……国旗的颜色和形状，在特别的瞬间好像有什么唤醒我们心中的某样东西。

唤醒的是埋藏在心中的败战记忆，唤醒的是民族的情感，唤醒的是一个新的时代就此降临，“已不再是战后了”！

一切准备就绪，一场日本人与国际的盛会在一九六四年十月十日开幕。据说开幕前几天东京不是阴天就是雨天，但开幕当天却阳光普照。带着办喜事的兴奋心情，天皇裕仁、首相和国际奥委会主席在下午两点宣布奥运会开始，共九十三个国家和地区、超过五千名运动员参与竞赛。

这次的奥运转播是第一次的全球性转播，美国当时所发射的“辛科姆”卫星，让比赛可以同时在不同时区收看。

东京奥运的一百六十三枚金牌之中，日本得到十六金，比起前一次奥运多了十二枚，整体排名世界第三。或许原因之一是奥运第一次将柔道纳入比赛项目，光是这个项目，日本就得了三枚金牌。

东京奥运的社会与时代

奥运对于大多数日本人而言，都是一个美好的回忆，但这些大规模的建设与经济发展也建立在某些不公平的基础之上。衡量东京奥运以及一九六〇年代的日本，除了光明面以外，黑暗面也是值得关注的议题。大规模的建设一定得花上大量人力，而在成本的控制下，劳工薪资相当微薄。日本政府以国家的名义动员十万以上的山区农民，他们在低薪的状况下，成为奥运建设背后的无名英雄。

日本国内当时最大的冲突在于《美日安保条约》所引起的政治与社会斗争，美国虽然在一九五二年结束托管日本，但一直是日本外交上最重要的主导者。日本是否能够真正地走出美国的控制，或者只是美国在国际政治上的傀儡，一直是“二战”后日本政治最重要的问题之一。

围绕着《美日安保条约》的签订，大规模抗议活动导致岸信介内阁集体辞职。延续到七十年代的还有第二次安保斗争，以及之后的“全共斗”[1]、冲绳返还、反越战和三里冢[2]的抗争。然而从另一方面来看，对多数人而言，或许就是在美国的保护伞下，日本才能不顾世界局势，专心于复兴的问题。

东京奥运的成功的确是一个时代的转变，日本彻底离开战后的贫穷社会。虽然奥运的观光人潮没有达到预期，奥运后的几年经济甚至一度衰退，但是，整体基础建设对于日本的发展具有长期的影响。一九六七年，日本的经济规模超过英国和法国，隔年超过西德，成为仅次于美国的第二大经济体，直到近来被中国超越为止。或许就是担忧亚洲第一的角色被中国取代，东京才积极

① 全共斗：“全学共斗会议”的简称，一九六〇年代末期，东京各大学间学生所形成的大规模抗争事件。

② 三里冢抗争：一九六〇年代末期，有关成田机场扩建的抗争运动。

争取二〇二〇年的奥运吧！

梦一般的未来

对比一九六〇年代的日本，半个世纪之后的东京奥运，首相安倍晋三也想要重现当时的荣景。安倍晋三的外祖父正是带领东京争取一九六四年奥运时的首相岸信介，所以安倍带领东京再度举办奥运的象征意味很浓。就算出现很多相似性，历史也无法重复。“二战”后的日本满目疮痍、社会极度贫穷，与从二十世纪九十年代开始的经济停滞情况极为不同，安倍是否能够重现复兴的故事，后续值得观察。

第三章

旧东京的浮华世界

银座的发展：资生堂

我喜欢吃洋食，这里指的不是正宗的西洋料理，而是经过日本人改造的洋食。除了猪排饭和日式咖喱，蛋包饭也是我喜欢的和式洋食。而如果要在东京吃蛋包饭，资生堂的Parlour总是我的第一选择。

位于银座七丁目的资生堂，总共有两座大楼，分别是Shiseido the Ginza和银座资生堂大楼。前者是女孩们的天堂，一楼到三楼是资生堂的美妆旗舰店，但比起资生堂为人所熟悉的化妆品企业，更令我好奇的是旁边的资生堂大楼。

砖红色的资生堂大楼一共有十一层，一楼卖的是饼干和各式各样的蛋糕，地下一层是艺廊，三楼到五楼是资生堂的Parlour

餐厅，九楼还有人文空间，举办许多讲座。除此之外，银座七丁目的巷子中还有一间米其林三星的法式餐厅 L'Osier——这间餐厅也是资生堂的一部分。

化妆品公司为什么要经营餐厅、艺廊和卖糖果饼干呢？在银座这样的地段上，盖一座大楼来举办艺廊和人文讲座，不是很“奢侈”的一件事吗？

现在的资生堂是闻名世界的化妆品公司，但它一开始是间药局，在时代的转变中成为化妆品公司，同时也是“美”的代言人。从资生堂的故事可以看到银座的发展，也可以看到和洋文化的交流，是美食的历史，同时是经营者的故事，也是城市转变的过程。

资生堂为什么称为资生堂？

资生堂的创办人福原有信（一八四八年～一九二四年）生于幕府时代末期的安房国（如今千叶县南部），年轻时到幕府的医学所读书，后来到大学东校（东京大学医学部前身）继续进修。

福原有信学的是药学，他曾于明治四年（一八七一年）受聘为日本帝国海军病院的药局长，但于次年辞官转入民间，之后他从《易经》中撷取“至哉坤元，万物资生”的概念，开设了“资生堂药局”。

但《易经》又不是医学经典，开个药房又与这本古书有什么关系？更何况，作为日本第一代的“洋风药局”，不是应该取个较为洋派风格的名字吗？

其实从幕末到明治时代，当时研究西学的人，从大学者福泽谕吉（一八三五年～一九〇一年）到卖红豆面包的木村安兵卫（一八一七年～一八八九年），他们所想的都是“和魂洋才”——借取西方的技术、方法，融入东方的精神——福原有信当然也不例外。

然而当时的资生堂药局还未涉足化妆品产品，创办药局的福原有信，一生的志向也不在于让女人变得更美，而是引进西方的药房制度，实施医药分类，并且成立制药工厂。后来成为日本药剂师联合会会长的福原有信，正是因为这些努力才奠定了自己与资生堂的历史地位。

不过来自安房国的福原有信，为何把第一家资生堂开在东京的新桥？新桥这个地方对于“资生堂帝国”的崛起，又是怎样的风水宝地呢？

一开始就是“潮牌”

去过东京银座的人应该知道，现在的银座被分为银座一丁目至银座八丁目，其中八丁目就是过去的新桥。而此一名称的更迭，亦是资生堂见证银座街区改造的记录之一。从明治、大正、昭和时期到现在，民间努力配合政府的措施，才让如今的银座发展成为东京最具特色且繁华的地段。

江户时代，江户城最热闹的地段是日本桥；但到了明治时代，铁路的建设引进日本，全日本第一条铁路在一八七二年九月开进了东京，新桥成为东京的第一座火车站。作为当时东京的玄关，来来往往的人潮和舶来品都聚集于车站附近，这也让新桥以及邻近的银座一带顺势崛起，成为东京最繁华的明星商区。

本来东京的建筑大部分为木造，很容易因为火灾就烧掉一大半，例如明治五年（一八七二年）发生的银座、筑地大火，蔓延的火势甚至还曾逼近新桥。大火之后，东京市长由利公正（一八二九年～一九〇九年）才开始思考都市的改造，并推广采用较不易引发火灾的红砖建筑。在日本，红砖也被称为“炼瓦”，当时从银座到新桥的街区都渐渐改用红砖，所以此处在明治时代被称为“炼瓦地”，很有名的猪排饭创始店也开设在此，因而称为“炼瓦亭”。

新桥是最潮的地方，在此地卖西药容易建立起企业识别度，也容易引起媒体的注意，因此资生堂的店名当时称为“东京新桥　福原资生堂”。

形象的建筑师：福原信三

在福原有信经营下，原本是西药房的资生堂在新桥的生意蒸蒸日上，站稳了脚跟，但真正改变经营策略，让资生堂成为我们熟悉的这个资生堂的关键人物，却是有信的三儿子——福原信三（一八八三年～一九四八年）。

在接班问题上，因为有信的大儿子身体不好、二儿子早夭，因此虽然信三是第三个儿子，但从一出生就被期待接掌资生堂。信三和父亲一样都学药学，还在明治四十一年（一九〇八年）远渡重洋，前往美国哥伦比亚大学攻读药学，吸收当时西方最先进的技术，毕业后也在纽约的药局实习了一段时间。

在纽约的信三，完成实习后没有急着回国。当时福原有信建议儿子到欧洲看看，于是信三在大正元年（一九一二年）前往欧洲，造访伦敦、巴黎和维也纳等古都。当时的他并不以参访药学学界为目的，而是游学、参观博物馆、了解风土民情，这让信三在药学的专业之外更具人文风采。不同的文化冲击让资生堂后来走向不同的发展。银座的风貌也因此而彻底改变！从当初的木造街到炼瓦地，银座和资生堂之所以能崛起于国际，福原信三是真正的品牌推手、真正的“形象建筑师”。

复兴，银座与资生堂的本土羁绊

大正十二年（一九二三年）九月一日正午前两分钟，日本发生了里氏规模 7.9 级的关东大地震。这场日本史上最惨重的灾难几乎夷平了关东平原，十余万人因此丧生。但灾难之后的重建计划，却意外给了银座“改变复兴”的契机。

关东大地震之后，已经入主家族事业的福原信三非常积极地参与银座重建，并以资生堂当家的身份号召银座街区商家，以纽约“第五大道”作为重建理想，向政府当局提出陈情书。当时的银座只有一丁目到四丁目，而初代的资生堂店址则在邻近的新桥附近，直到信三提出“大银座”计划，才将资生堂所在的出云町和竹川町（现在的银座五丁目到八丁目）纳入银座街区。

信三认为，世界各国最繁华的商业城市都有一条代表性的街道，像是巴黎的香榭丽舍大道、纽约的第五大道，而再兴的银座也该被打造成东京最繁华的街区，让世界所有人一想到银座就是最时尚、最繁华的代表。

信三不断在报纸上投书说明“世界大银座街”“帝都将来最为关键的发展”的理念，本来被视为空想，但通过踏实的脚步，真的打造出银座与资生堂的整体形象与特色。

让我们回到故事开头的银座印象：在春日的东京行走，到资生堂的 Parlour 吃完蛋包饭，满足口腹之欲之后，还能在银座街头逛逛；这里有许多人喜欢的寿司久兵卫，也有百岁人瑞所经营的琥珀咖啡店。在百多年之后，现在银座的繁华时尚与城市质感，已成为足以与纽约第五大道、巴黎香榭丽舍大道齐名的“地标品牌”。

如今来看，银座的发展奠基于资生堂的努力；而资生堂的企业形象则通过银座的改造而完成。两者的发展相互扶持，展现出一种民间对于城市文化的期待，并且通过共同努力，维持银座的风格。

打造最繁华的商店街并不是召集大型百货公司进驻，而是要有具备“个性”的街区，其中充满着各式各样的小店，每家都有自己的特色，橱窗都经过设计，让逛街的人潮感觉舒适。这是每家商店合作才能达到的“共存共荣”状态。

关东大地震后，银座也开了几家百货公司，像是三越、松屋等都到银座设店，对于信三来说，银座的商店街要让到此逛街的人感受到百货公司没有的感觉——商店的特殊性、品牌的信用、一流的商品。而资生堂怎么建立自己店内的风格以区别于百货公司呢？如何与银座的整体感觉搭配呢？

从药局到咖啡店

资生堂虽然以卖西药起家，但店铺的感觉相当“日本”。整体设计为日式的木屋，柜台站着穿和服的服务人员，而结账处像是时代剧中掌柜坐的地方。

前文提及福原信三从哥伦比亚大学毕业之后，曾在纽约的药局实习过一段时间，那时，他发现当地的药局和化妆品店都在一起，就像我们现在看到的药妆店，而且贩卖苏打水和冰激凌之类的食品。回国后的他开始思考如何拓展业务，将药局变成咖啡店或是吃茶店。他决定先在资生堂旁边开一家饮料店，提供女性和小孩可以休憩的空间。

让资生堂改变经营策略的关键性人物是福原信三的老朋友——松本升，他是最早在纽约大学攻读管理的几位日本先驱之一。信三让他负责经营店面，担任社长的职务，自己则退居幕后，专注产品开发和创意的构想，将工作区分开来。

关东大地震后，银座街区开始了大规模改造与重建，福原信三也决定改建以往旧式的药局——一栋作为药品和饮料部，一栋则是新的化妆品事业部，并邀请当时知名的建筑家前田健二郎设计。同时，也在饮料部引进咖啡和西式糕点，当时的《读卖新闻》为此特别报道："资生堂贩卖咖啡、红茶、热巧克力，还有纯正美国风味的蛋糕和派。"

"高等游民"的聚会场所

本来资生堂对咖啡还没有那么讲究，后来却特别采用爪哇的精品摩卡，为什么特别强调咖啡的品质呢？

我在拙作《和食古早味》中曾经提到日本咖啡的故事，一九二〇年代日本盛行的咖啡连锁店"老圣保罗咖啡馆"，当时在银座也有一家，由于取得巴西的廉价咖啡豆，所以卖的咖啡相当便宜，学生、穷作家都可以来这里喝一杯。但有着不一样经营策略的资生堂，锁定的客群是"高等游民"（游手好闲的"富二代”，他们跟游民一样没有工作，但因为是有钱人，因此可以出入资生堂这类的高级场所）。

大正到昭和初期，东京曾出现一批新的“富二代”，他们的第一代是在幕末、明治时代的剧变中生存下来的人，从下级武士成为实业家和官僚，或经营生意，或位居政府要职。他们的父祖辈最初接触到的西洋事物，多半是电话、电灯、电车的架设，或是引进坚船利炮让日本战力变强，因此对于外来物秉持的态度经常是“实用主义”。

但到了“富二代”，也就是“高等游民”，他们对于外来事物的兴趣已经从“实用”进化到“享受”，像是能分辨咖啡的浓淡醇厚、牛排的生熟与口感，以及欣赏西洋艺术、音乐与文化。

“高等游民”们需要聚会和社交的空间，让他们感受洋风，体验城市的高级感和都市时尚感，而资生堂就是这样的空间。然而，要让生性保守、习惯和服与和室的日本人开始逛街，并且到资生堂享用法式餐点、蛋包饭、红茶、咖啡、下午茶，特别是要让妇女们离开家庭，到一个舒适、雅致且高级的空间享受餐点，这中间还得经过一段文化的革命。这一段历程得从“社交民主化”说起。

社交民主化的推手

建立东京证券交易所的日本资本主义之父涩泽荣一，除了是商业和实业界的巨子，也是社会观察家和改革家，他曾经写过一篇文章《日本的娱乐和西洋的娱乐》，提到日本人都在“四叠半”的榻榻米上进行家庭的活动，而西洋人则是“屋外主义”，喜欢到室外进行娱乐。他注意到，西洋人的衣服较适合在屋外活动，日本人则相反；而因为日本人都待在家中，所以也只有好友三四人，西洋人则较为好客。涩泽荣一甚至提到居住空间中的桌椅影响了日本人的社交生活，因为日式的桌椅会影响穿衣的习惯，也让日本人较为内向。

后来日本便渐渐增加与模仿西式的社交空间，像是东京帝国剧场里面都摆设了椅子，而非日本人习惯的座敷。

著名的国际政治活动家新渡户稻造（一八六二年～一九三三年）也提到日本的“非社交性”，而为了鼓励日本男女走出户外，多多交际，新渡户稻造在《妇人画报》里特别介绍英国的“五时の茶”，也就是下午茶，希望日本女性学习英国女性们，出来聊聊天、逛逛街，感受城市的气氛。

如果时间回到明治时代，当年的女性是没办法自主上街的，会去购买舶来品和衣服的也都是社会地位较高的男性。尔后几十年，在不少社会重要人士的鼓吹下，社交场所陆陆续续开放，女性们逐渐走出家庭。

我一开始提到的资生堂咖啡沙龙 Parlour，就是在这样的时代背景下出现的。

资生堂调：时尚、艺廊、咖啡沙龙

在资生堂之前，日本的咖啡店或吃茶店常留给人较不好的印象，其中一个原因是店内女服务生带有陪酒小姐的味道。但资生堂咖啡店所要营造的，则是让女性也能轻松在此用餐喝茶的环境；为了让社会地位较高的女性亦能够在此交际，资生堂进一步筛选服务生，改用十四五岁的美少年作为服务人员。

女性客人非常喜欢年轻的“小鲜肉”，看着他们穿着笔挺的西装在场内服务，这样的角色转变，摆脱了过去吃茶店有陪酒小姐的印象。而有了固定的女性客源之后，餐厅旁的资生堂化妆品部当然也顺便成为逛街的场所，事业蒸蒸日上。

有了餐厅和 Parlour 的资生堂，逐渐吸引许多想沾染洋气的贵妇前来，而在这个社交空间中摆放一些国外流行的物品，也很容易引起买家注意。因此，为了进一步让资生堂和艺术气息画上等号，建立更富气质的品牌形象，资生堂在原有的饮食与美妆事业里，添加了艺廊的经营。

我们或许不应该用现在艺廊的角度思考当时的艺廊，在当年举办的绘画展，就规模来看，至多只有整个展览场的七分之一大，在当时称为“展示场”，大部分只是展示国外的商品而已，不像现在的银座有不少艺廊，有些卖古物，有些卖画。但银座最早的艺廊还是资生堂，前前后后举办超过三千次的展览。不论如何，资生堂都是先驱者。

虽然绘画展在资生堂的展场并不是主要展览，但结合咖啡店与艺廊的沙龙，逐渐成为知名画家和作家聚会的场所，像大正、昭和时期的知名画家川岛理一郎、梅原龙三郎、高村真夫等，都在资生堂开过画展，也和福原信三维持着良好的关系。除了画家，资生堂通过吃饭与逛艺廊所营造的时尚、文艺气质，也为文人倾心，渐渐地，Parlour 成为许多作者笔下的场景。根据作家岚山光三郎的记载，Parlour 曾出现在森鸥外的小说《流行》、谷崎润一郎的《金与银》、太宰治的《正义与微笑》、川端康成的《东京人》里。

信三对于企业形象的想法是很长远的，他与艺术家保持良好的关系，让资生堂成为美的象征，不仅有助于推销化妆品，尔后这些艺术家更直接成为资生堂广告的最佳传播者。

在资生堂众多广告中，最知名且经典的就是山名文夫为其设计的企业 logo——花椿和资生堂字体——两个结合在一起，营造出我们现今再熟悉不过的“资生堂调”（资生堂的风格）。

福原信三对外积极地推动银座整体的繁荣，使它成为世界上屈指可数的繁华街道；对内则将资生堂经营成艺术、文化与时尚的象征，打造品牌形象，成为银座的代表性商家。不管是对内还是对外，从构思、实行到推动整体计划，都可以看到福原信三的思想高度，他不只让资生堂赚钱，还改造了银座，改造了东京，改造了文艺界，让银座因为资生堂而闪耀。

和魂洋才：旧岩崎邸

通过在东京参加学术会议的机会，我顺道参访了东洋文库与东京大学，东京大学的佐川英治教授带我们参观了东洋文化研究所和文学部，中午在学生食堂用餐。与东京大学只有一墙之隔的是旧岩崎邸庭园，我也顺便了解了三菱创办者的故事。

大财阀传奇的一生

三菱在日本甚至全世界都是数一数二的大财团，其创办人岩崎弥太郎（一八三五年～一八八五年）的故事或经营哲学是商界人士重要的成功经验。而岩崎弥太郎之所以为人熟知，或许与大河剧《龙马传》有关。

坂本龙马（一八三六年～一八六七年）与岩崎弥太郎都出身四国，为土佐藩中的下士。土佐在德川幕府时代不算是特别大的藩，德川家康在关原之战后将这里封给山内一族。山内一族掌握土佐藩政之后，为了安抚原来的长宗我部氏，给予上士、下士的头衔。上士、下士的阶级是世袭的，必须严守规范。直到幕末，下士不满上士独断藩政，导致两方产生了矛盾，而随着幕府政权的危机加深、外国人入侵日本，阶级间的问题愈加激化。

大河剧《龙马传》故事一开始已经是明治维新之后，以三菱的创办人岩崎弥太郎作为叙事者，拉开了剧幕。岩崎弥太郎由香川照之饰演，与福山雅治饰演的坂本龙马同为土佐藩的下级武士，从小就是朋友，也是竞争者。

剧中，坂本龙马被塑造成一个在家人相互支持中成长的小孩，在全家人的呵护下，寻找自己的出路，发展志向；相对的，岩崎弥太郎生长在一个贫穷的家庭，父亲嗜酒且好赌，幸好他从小聪明，学会了识字读书。两人在性格上似乎是完全相反的人，或许戏剧多少有点夸大，但是从人生的志向看来，坂本龙马注重理想，对于日本未来有远大的抱负，不拘小节，金钱与名利对他来说并不重要，而岩崎弥太郎对于政治不太关心，最在乎眼下的利益，总是精打细算。两人的性格多少有点互补，在岩崎弥太郎的日记中可见两人畅饮聊天的记录，是不错且可以谈心的好朋友。

岩崎弥太郎的前半生好像做什么就失败什么，一直等到担任土佐藩的参政后藤象二郎（一八三八年～一八九七年）看到他呈上关于经济政策的计划，让他到长崎做生意。在与不同地方的外国人接触之后，他兴起了开公司的念头。

军火、航运是岩崎弥太郎在幕末乱世中想到的利基，当时既有内战，也有对外战争，所以他在倒幕的西南战争、日军侵略台湾岛的过程中都赚了不少钱。西南战争或许是幕末武士西乡隆盛（一八二八年～一八七七年）的悲剧，但其中三分之一的战争财却成就了岩崎的三菱，也让他成为明治时代的大财阀。

岩崎弥太郎与中国的胡雪岩生活在同一时代，也在同一年死去，一开始都靠政府特许的行业赚钱。胡雪岩因为太平天国等赚了不少战争财，也在洋务运动中赚了很多钱，但他赚了钱后，希望在政治体系中攀升，而不是更勠力经商。岩崎弥太郎则放弃政治这条路，欲将日本企业转型成西方资本主义模式的大公司，从董事会、发展策略到经营模式都完全现代化，连未来的接班人也要学习最西方的经营方式。他将弟弟岩崎弥之助送到美国留学，儿子岩崎久弥到宾夕法尼亚州立大学，弟弟的儿子岩崎小弥太则到英国剑桥大学。

岩崎邸庭园

岩崎弥太郎的前半生是幕府时代潦倒的下层武士，后半生则展现完全不同的样貌，因为新时代的来临，掌握了人生，抓住机会累积财富。拥有了钱财之后，他宛如暴发户，购进大量土地，在东京上野不忍池旁的土地上建造宅邸。

现在的岩崎邸庭园完成于明治二十九年（一八九六年），长男岩崎久弥居住在这里长达五十年。第二次世界大战之后，宅邸由美军接收，其后交由东京都管理，成为重要的文化财。

和洋折衷的风格

岩崎邸由第二章提到的 Josiah Conder 所建，东京国立博物馆、宫内省、鹿鸣馆都是由他所设计。由于他的建筑很多在关东大地震或是“二战”东京大轰炸时被烧毁，所以岩崎宅邸和三菱一号馆成为他建筑风格现存的最好见证。从建筑风格来说，因为岩崎久弥在日本成长，后来在美国生活与求学，所以岩崎庭园的设计必须兼有西式与日式风格。

当时的岩崎邸，面积多达一万五千坪，已经可以说是庄园；建筑超过二十栋，现存的这一栋为两层木造建筑并有地下室的洋馆。Josiah Conder 没有完全依循维多利亚时代的英国建筑，他以十七世纪英国的 Jacobean 建筑①为底，将文艺复兴时期的风格融入，并以伊斯兰风的花纹装饰。而洋馆南侧则是带点殖民风的柱廊式阳台。主要是接待外国贵宾的集会空间，在一楼有正门、饭厅、厨房、书房、客厅，二层设有客厅、集会场所。

岩崎宅邸的室内装潢也相当惊人，房间的壁纸以金唐革纸制

① Jacobean 建筑：詹姆斯一世时期（一六〇三年～一六二五年）的英国建筑，继承维多利亚时期的建筑艺术，但更偏向古典建筑的形式，更讲究规整和对称。

图 3-1

岩崎邸

图 3-2

岩崎邸

作，这种纸源于明治时代。当时日本开始建造大量西洋式的住宅，为了模仿欧洲王公贵族城堡之中的壁纸，须经多道复杂的制作程序。这些程序与工法后来失传，岩崎邸可以说是目前少数将金唐革纸保存下来的场所之一。好在许多匠人们努力找回失传的壁纸制作技法，后来在二〇〇五年成为国家选定的保存技术。

接着看看和馆，它与洋馆通过巧妙的走廊设计而连接，据说这里以往为书院式的建筑样式，刚完成时面积多达五百五十坪，比洋馆的规模还大。和馆主要为岩崎家的居住空间，他们还是习惯居住在日式的空间之中。但是现存的和馆比较难看到当时的原貌。

由此可见日本人“和魂洋才”的建筑实践，招待外宾的公共空间都是西洋式的建筑，而居住、生活的私人空间则是日式的建筑，起居维持一贯的传统。

我参观完后，从东京大学的池之端小门出来，然后穿过住宅区的小巷，经过一段坡道，从外面看，很难相信这里有一栋如此庞大的西式大宅，是从江户时代到现代化东京的具体见证。岩崎宅邸是日本近代建筑的代表之，百多年的岁月，它历经现代史上的大小事，具体而微地体现旧东京的浮华世界。

我们一家都是「靠爸族」：鸠山会馆与战后日本的政治舞台

在东亚政治发展史上，“靠爸族”是一个常见的现象。看看日本，战后的政坛人物不只“靠爸”，靠祖父、外祖父的比比皆是。“靠爸族”们继承父祖辈的余荫，虽然是天之骄子，但能否延续上一代的影响，造化则在个人。

现在的首相安倍晋三，其外祖父岸信介是战后推动日本经济复苏的重要人物，也推动了一九六四年的东京奥运。安倍晋三秉持着外祖父的政治轨迹，他现在的使命也在复兴经济，和举办二〇二〇年的东京奥运。

二〇〇九年的八月底，长期执政的日本自民党遭到民主党的强烈挑战，由鸠山由纪夫所领导的民主党在议会之中取得三百零六个席位，成为日本的执政党。他没预料到民主党会拿下这么好的成绩，后悔当初没有多推荐一些候选人。

鸠山由纪夫毕业于东京大学，并在美国斯坦福大学取得工学博士学位，其后于东京工业大学任职助理教授，学有专精，本想在学术界发挥所长，但显赫的家世使其改变跑道，投身政界。他在二〇〇九年的秋天取代麻生太郎，成为日本首相。鸠山与麻生重演其祖父的对决，在超过半个世纪以前，吉田茂（麻生的外祖父）和鸠山一郎（鸠山由纪夫的祖父）是第二次世界大战后日本政坛的两大势力。

鸠山一郎与吉田茂

第二次世界大战后，日本为美军托管，天皇成为国家的象征，没有实质的政治影响力。战后的日本开始实践民主，此时政坛群龙无首，形成多党派的局面。在一九四六年的众议院选举中，自由党在第一任总裁鸠山一郎领导下，成为日本第一大党，准备进行组阁。然而，日本此时受美国老大哥监管，以麦克阿瑟为首的盟军总司令部竟然宣布鸠山一郎的当选无效，由其党内的吉田茂组阁。

吉田茂与鸠山一郎的差异就在于亲美与“不那么”亲美。鸠山一郎拥有民气，但也是个民族主义者。一九四五年，他在《朝日新闻》发表文章谴责美军在广岛、长崎投下原子弹，违反了国际公约中的不屠杀平民的条款，更指出美国有责任向日本赎罪。

当时盟军公布所谓的“公职追放令”，禁止战犯出任公职，但指控谁是战犯的权力却落在美国手上。接管日本的美军不容许鸠山这样的人上任，以他在战前支持军国主义为由，解除其担任的公职。但事实是，鸠山一郎在战前不但没有支持军国主义，还与支持军国主义的东条英机反目，因而离开政坛。尊皇、自由主义和反军国主义是鸠山一郎所支持的信念。

鸠山家族的显赫背景

说到“靠爸族”，鸠山一郎也算是其中之一，他的爸爸鸠山和夫是幕府武士，出身冈山藩，是第一代公费留学生，赴美取得哥伦比亚大学法学学士学位，又在耶鲁大学获得博士。

鸠山和夫学有所长之后回国，担任东京帝国大学的教授，也出任众议员和议长。当时适逢北海道的开发，他在北海道买了大片土地（炒地皮、官商勾结？）。其曾孙鸠山由纪夫，也就是鸠山一郎的孙子也担任北海道众议员。现在北海道的栗山町有鸠山川、鸠山池，甚至还有鸠山神社，都是鸠山家族在当时所奠定下的基础。从众议院退休的鸠山和夫，后来也担任早稻田大学的校长，在政治界、教育界都有深远影响。

鸠山和夫的两个儿子，鸠山一郎从政，鸠山秀夫则在东京大学担任教授，分别继承他在政治界和教育界的衣钵。一郎历任数届众议员和大臣，他的理想是英国式的立宪君主制，国民享有言论、集会等各种自由。然而，他在日本走向太平洋战争的过程中，发现世道与他的理想越来越远，特别是东条英机掌权时，强力管制言论自由。因此，他与具有共同想法的政友会成员选择退隐。政友会在战后组成的同交会，也就是“二战”后自由党的骨干。

战后日本政治体制的确立

鸠山一郎在一九四六年由于美国势力的干涉被迫离开政坛，由亲美的吉田茂组阁，完成了亲美的《和平宪法》。当时吉田茂还跟鸠山一郎保证只要他能重回政坛，将会交出首相的宝座。

鸠山一郎通过 CIA 和各种关系，疏通美国政界，欲重返政坛，但当他回来时，吉田茂却不履行当初的诺言。鸠山一郎也不是省油的灯，自由党内的鸠山派与吉田派产生斗争。最后的导火线是，吉田茂于一九五三年二月二十八日回答社会党议员质询时爆粗口，说了“巴该野鹿”（ばか野郎），使得内阁陷入危机。

社会党提出不信任案，当时所有的在野议员全部支持不信任案，而自由党内的鸠山派也无故缺席，使得不信任案成立。之后，自由党内的鸠山派另外成立民主党，在一九五五年的选举中，与社会党成立联合内阁，赶走了执政的自由党。鸠山一郎终于夺回当初几乎到手的首相宝座。

然而，民主党与左派的社会党，在观念与政策上有着无法调和的矛盾，于是民主党与自由党在两方大佬的协调之下合作，一九五五年底成立了自由民主党，成为执政党。鸠山一郎成为自民党的首任总裁，并且担任日本的第五十二、五十三、五十四任首相。一九五五年所形成的“五五体制”（因为在一九五五年成立，故名）执政了三十八年，直到细川护熙在一九九三年担任首相为止。

孙子也不是省油的灯

五十多年后，鸠山一郎的孙子鸠山由纪夫在二〇〇九年担任第九十三任的日本首相，却不是祖父所成立的自民党，而是按照自己理想在一九九八年所成立的民主党。

鸠山由纪夫一开始加入政坛时，是自民党的众议员，但在一九九三年自民党败选之后，日本进入多党政治时期，鸠山由纪夫联合多个政党成立了民主党，并且在二〇〇九年的大选中获胜。当时民主党在众议院五百多个席位中，赢得超过三百席位，可以说是民主党的大胜利，也可以说是鸠山由纪夫个人的成功，民主党从创党的经费到党纲，可以说都贯彻其个人意志。

但是，理想与现实之间总是存在着冲突，还有很多无法预期的意外，鸠山由纪夫担任首相八个月之后，就因为冲绳美军基地的冲突争议而下台，并在二〇一三年宣布离开自己所创立的民主党，也离开政坛。

和洋折衷的鸠山会馆

建议大家到东京的鸠山会馆参观，那是鸠山和夫于明治二十四年（一八九一年）所购买且居住的房子，由鸠山一郎的好友——活跃于大正、昭和时期的建筑师冈田信一郎——在大正三年（一九二四年）所设计建造。建筑风格类似英式的庄园建筑。

或许是呼应鸠山一郎的英国民主制度理想，内部的设计兼具和风与洋风，既有日本人习惯的和式空间，也有适合招待外国人的宴会厅、花园。那里的窗户结合日式庙宇的五重塔与西方彩绘玻璃，庭园中种植的是鸠山一郎所喜欢的玫瑰花。在日式造景之外，也铺上适合英式下午茶的草皮。

日本自民党与中国国民党

鸠山一郎所创立的自民党，垄断战后日本的政党政治，形成一党长期执政的情形。从表面来看似乎与中国国民党相似，但内在的组成过程却有很大差异。

单从“靠爸”这一点而言，鸠山家族每一代可以说都继承了“维新”与“改造”的想法。幕府末年，身为冈山藩的四子鸠山和夫在美国了解到世界最新的政治与法学知识，回到日本投身政治与教育；鸠山一郎则在战后秉持着代议政治的理想，创建了自民党；鸠山由纪夫因不满自民党的体制，建立了民主党并且获取政权，最后因为理念不合，选择离开。

鸠山家代代之间既有继承，又有创新，但鸠山由纪夫从来不讳言其父祖对他的影响与金钱上的赞助，与自称都靠自己的连胜文不同。

在此引用李敖的一段话："连胜文、丘吉尔都是靠爸族，但是丘吉尔靠爸做了首相，表现得很好。靠爸并不可耻，重点在于不承认自己靠爸，还说都是自己赚的，这才比较可耻。"

图 3-3

鸠山会馆

图 3-4

鸠山会馆内彩绘玻璃

终身大事的场所：目黑雅叙园

拍摄婚纱照、选戒指、决定婚宴场地和结婚当天宴请亲朋好友，使得婚礼不只是一场仪式，也是一场消费行为。

婚礼虽然是人类历史之中重要的礼俗，但是现代婚礼经过了一套套包装，充斥着各式各样的服务和消费行为。其实这些服务多少是为了应付工商业社会而兴起，当人口聚集到城市之后，为了方便，所有的仪式都在一个场地中举行，婚礼服务业也随之兴起。

在一般服务行为的消费之中，我们多少带有一些想象。举例来说，进入一家高级的餐厅，不只想要饱餐一顿，也想要感受到厨师的手艺，体验被服务的感觉，更或许期待着和心爱的人度过一个浪漫的夜晚。婚礼消费也是如此，除了想使到场的宾客们吃得开心，一种“王子与公主从此过着幸福快乐的日子”的想象也在其中。

从拍摄婚纱开始，穿着白纱在人工布景里拍照，其中多半是欧式的布景或是摆设，出外景也尽量找些能与白纱搭配的西洋式建筑。有些外景拍摄还远渡海外。我曾经看过中国新娘与新郎在樱花盛开的京都岚山，穿着大礼服，不顾众人目光冲到危险的河边，只为了拍一张有樱花的婚纱照。樱花搭配西式的白纱，非常混搭的美学。

或许我们也都了解，除非我们本来就是明星，穿着大礼服在镁光灯下、在镜头前拍照并不是生活景象，很多婚纱照都是拍了以后就没再翻阅过。

现代西式婚礼如何在亚洲形成

根据丹佛大学人类学家 Bonnie Adrian 对台湾地区婚纱业的研究，她认为台湾地区的婚纱业在全球化过程之中，主要模仿西方的“美”的观念，借由拍摄婚纱，想象自己成为镁光灯下的焦点，模仿外国明星或是模特儿的姿态，加上西式背景，成为某种西方美感的消费者。Adrian 的研究也指出，台湾地区婚纱摄影业的全球化并非单向的西化而已，其中还存在着本地的色彩，所以凤冠、大红礼服出现在西式建筑前，也不是太奇怪的举动。

邻近的日本，其现代婚礼也是全球化与地方化交织而成的结果，只是日本现代化的时间比起亚洲其他国家来得早，现代婚礼的出现时间也相对地提早。接着，我们来看看日本最早举行现代婚礼的场地——雅叙园。雅叙园位于东京目黑，其中的木造建筑“百段阶梯”现在已是古迹，而且被指定为东京都的有形文化财。

让庶民也可以感受贵族的体验

日本过去当然也会举行婚礼，但都是在自己的家中宴请客人，民俗、礼节和仪式也都由家中长辈或媒人负责。日本一开始有业者提供婚礼服务、到饭店宴请宾客，是昭和年间的事，约莫在第一次世界大战与第二次世界大战之间，其实是很晚近的发展。

目黑雅叙园在一九四〇年代所提供的婚礼服务，有神道教的祭坛、新娘梳妆、摄影室、接待室等，并可以选择日式、西式和中式料理作为宴客的餐点，整套婚宴程序已经相当完整。

雅叙园的经营者细川力藏，其成功与经营方式也是一个传奇，他出身于石川县的农家，后来在东京经营大众澡堂，积攒了不少财富。一九三〇年代经济大萧条时，虽然很多企业破产，但细川力藏以大笔金钱买入原本高价的土地，并以较低的价钱聘用大量工人、艺术家，建造雅叙园。

细川力藏出身民间，不仅是个成功的商人，还是带点创意的梦想家。

雅叙园本来是餐厅，客层并非上层阶级，一般人也能携家带眷前来。细川力藏想以最好的设备，提供庶民最好的服务，而所谓最好的服务是什么呢？就是满足庶民们的想象，可以花点钱就感受到奢华的经验，特别是让吃饭与结婚的新人、宾客们，能在婚礼时经历一场奇幻的感受。奇幻的体验往往来自无法在日常见到的空间和事物。

细川力藏聘请当时最有名的雕刻工匠、画家、漆匠、金工师等，为庶民们打造招来美梦的皇宫，使得雅叙园有着“昭和龙宫”的美誉。

雅叙园沿着目黑的山势而建，其中最有名的婚宴场地“百段阶梯”，是一栋有一百阶梯子的木制楼房（《千与千寻》中的汤屋就以此为蓝本），以秋田杉作为天井，并绘制花草作为装饰。

“百段阶梯”中共有六间婚礼会场，集合当时最好的艺术家绘制墙面的装饰，主题包含江户时代流行的美人绘、歌舞伎角色、风景和花卉等主题。其中的“清方庄”由当时的知名画师镝木清方（一八八七年～一九四八年）执笔；“清之间”则由小早川清（一八九九年～一九七二年）描绘江户时代中期的出游图，再加上日式建筑当中重要的螺钿细工、组子、障子等传统工艺，相当细致。

雅叙园以将近十三年的时间，分成七个阶段建造，竣工时有一百多个房间可供使用，全都是江户时代上层阶级的艺术风格，像是东照宫的设计与雕梁画栋，或是带有中国风且金碧辉煌的宴会厅，满足了庶民对于奢华的想象。

有趣的是，一九三〇年代的东京已经是个现代化的城市，但是庶民对于奢华的想象仍然以江户时代作为标准，而非西式白纱与欧式建筑。或许是当时人们心中的豪华感，依然是江户时代的传统和中国风。

连厕所都很高级

在参观目黑雅叙园的“百段阶梯”时，我特别注意到阶梯旁的厕所，上面写着“仅供参观”。

以木质地板铺设的空间大约一坪半，其中只有一座蹲式马桶，窗棂的四角刻有扇形雕花，天花板上则贴有金箔亮片的雕花。以一间厕所来说，这未免也太奢侈了吧！

根据厕所评论家齐藤政喜的说法，当时新娘的和式礼服穿脱不易，在这样的木质地板上，新娘可以脱下礼服，自在地解决内急的问题，可谓相当贴心的设计。

除此之外，目前中式餐桌上不可或缺的转盘，也是雅叙园的中式餐厅所发明的。原本经营中式餐厅的细川力藏，发现在宴会的场合上，客人要起身夹菜非常不便，于是他就想：“有没有可能坐在原地就能夹取自己所需的食物，而食物又可以传递给下一个人呢？”

雅叙园的木匠师傅酒井久五郎，搭配制作转轴的五金商完成了转盘，完成之后先在日本流行，“二战”后才由华侨带到全世界的中式餐厅。

由于“二战”，日本政府颁布禁奢令，雅叙园成为避难的防空洞。虽然在大战的空袭之中保存下来，战后因为城市规划，原本宽广的旅馆只剩下一部分，当时的建筑只剩“百段阶梯”。

现存的雅叙园仍然是东京的重要婚宴场地。对于结婚的人而言，婚礼不仅是人生重要的仪式，也是自我和文化、社会之间的对话。从雅叙园的婚礼场地来看，现代化初期的日本人脱离以往在家宴客的传统，举办现代婚礼和婚宴，但对于婚礼的想象还是“日本式”的，而异域的想象则主要以“中国式”为主，并非福泽谕吉所说的“脱亚入欧”。

第四章

东京的城市与建筑散步

散步学：荷风的东京散步

城市不仅是追逐流行、向前看或是向钱看之处，城市保存更多的是记忆，是历史，是一层一层消逝的过去。

没到过东京的人可能也知道东京有一条山手线，“山手”之名源自江户时代，指的是位于小山丘上且较高的地方，以往是武士或大名等阶层居住之处，在今日的池袋、银座或是新宿等地方。

相对于山手的就是“下町”，指地势低洼之地，以往东京下町的水道纵横，隅田川除了作为灌溉之用，也是重要的交通通道。山丘上的城市是上流社会聚集的地方，街道规划整齐；下町则是庶民、工匠的居处和娱乐之地。

从江户到东京，快速都市化使山手与下町的界线渐渐消失；关东大地震与第二次世界大战轰炸后，东京已非旧日的模样。但是今日的浅草、筑地、深川、月岛、谷中、根津等地方的发展，还是与山手地区不同——蜿蜒的小巷、带着点破败的房子、浓厚的人情味，在不经意的转角还可以见到一些古意的小店。反观台湾许多地方，特别是台北市，往往觉得这样的房子需要“都更”①一下；然而在东京，这样的房子以及居住其中的人们，却深受文学家喜爱。

东京现代化的开始正是山手地区，当西式楼房在这里一栋一栋盖起，敏感的文学家们关心即将逝去的江户文化，因此以下町作为书写素材，悼念一个旧时代的离去。

永井荷风

描写下町文化的文人，大部分都出身于社会上层，有些还曾经在国外待过很长一段时间。小说家永井荷风（一八七九年～一九五九年）就出生在小石川金富町的有钱人家。他的爸爸永井久一郎（一八五二年～一九一三年）在幕末时就已经看到时代趋势，留学美国，在普林斯顿大学取得学位，当时能有那样经历的人并不多。

永井久一郎想把儿子永井荷风培养成金融和银行界的专业人员，然而永井荷风钟情于文学，精通法文和英文，在美国与法国

① “都更”即“都市更新”。——编者注

待上五年，所写的《美利坚物语》（あめりか物语）和《法兰西物语》（ふらんす物语）使他在日本的文坛得到了一定的名气。

留学回来的永井荷风在庆应大学找到了教职，父亲也不再强迫他往银行界发展，让他得以专心写作。

他的作品始终怀着浓浓的乡愁、对江户文化的憧憬、对下町文化的执着，或许他本来就是念旧、怀旧之人，也可能是留学法国时，读了欧洲十九世纪末期颓废风格的相关作品。

永井荷风就像巴黎的波特莱尔，在快速现代化的东京生活，流连于花街柳巷，伤春悲秋，抱怨现代文明带来的破坏。像他这般的文人有时行为放荡，仿佛像落魄的流浪汉，在街头散步、踽踽独行。

散步是人生的目标

这样的“散步”，或许是面对发达资本主义的抗争方法之一，当所有人都得按表操课，汲汲营营于生计，永井荷风却脚踏木屐，手持蝙蝠伞，信步而行。他往往没有目标地散步。《晴日木屐》[①]这样写道：

> 当我来到电车线后边偶然保留下来的市区改造前的旧道，或者仰望有着很多寺庙的山手横街的树林，或者去看架在水沟、水渠上面的不知名的小桥，每当此时，周围这些荒

① 台版译名为《荷风的东京散策记》，此处改为简体中文版译名，相关引文也根据简体中文版（陈德文译，华东师范大学出版社 2020 年版）修改。——编者注

寂的风景便可调和我的感情，使我一时产生恋恋难舍之心。我被这些无用的感慨所打动，感到异常高兴。

他散步不为了什么，就只为了在下町的市场、小巷或是寺庙中看到消逝的江户文化。他的一生似乎只为了缅怀而活，活在一种情绪之中，冷眼旁观着一切。

永井久一郎死后留下一笔遗产，虽不够永井荷风挥霍度日，但足以让他不用赚钱也可以过着这样到处散步的生活。他结婚似乎也是为了父亲而结，父亲一死，他就离婚了，从此大隐隐于市，只有木屐和蝙蝠伞陪伴着他，在东京的大街小巷中漫步。

永井荷风喜欢自由自在的人生，但观察细微，在小巷望见浮世绘的种种、庶民百态，他写道：

> 潜隐着向阳大街上难得一见的种种生活。既有闲居的无常，也有隐栖的平和。又有失败、挫折、困窘，以及作为最终报酬的怠惰和不负责任的乐境。既有卿卿我我的新婚家庭，也有豁出性命私通的冒险。然而，小巷虽说细而且短，但极富情趣与变化，可以说胜似一部长篇小说。（出自《晴日木屐》）

从永井荷风的作品中，可以感受到他对淫祠、渡船、小桥、沟渠的千姿百态有着无比兴趣。路边的银杏树、路边的花草也为他所眷恋，三色堇、蒲公英等春草，桔梗、牵牛花等秋草……他能在车前草的花中看到清爽中的苍白，在莎草的穗子中体验到绢般的细柔。阅读他的文字，仿佛与他一起走过山边或坡道旁的小庙，一起关注着颓圮的寺墙和枯萎的篱笆，一起在杂司谷鬼子母神社的林木间看见夕阳的余晖，一起在九段坂、神田骏河台上远眺富士山。

永井荷风在巴黎时喜欢从蒙马特山丘上远眺巴黎，他不喜欢修整后宽阔的现代马路，喜欢高高低低蜿蜒的小巷，最好坡道还有点起伏，所以银座和日本桥那种平坦的大道自然不是他散步的地方。

他喜欢带点距离看东京，从小山丘爱宕山一览丸之内，由御茶水的昌平坂眺望神田川；月圆晴空之夜则适合从牛込神乐坂、净琉璃坂眺望，他写道：

> 向御壕土堤上瞭望，看到连绵不断的古松将婆娑的姿影静静映在水面之上，不管是谁，都不会不为东京有着这样的绝景而感到惊讶。（出自《晴日木屐》）

有本东京的旅游杂志就取名《荷风！》，散步虽然不是永井荷风所独创，但他对东京下町的描写形成了一股潮流，他对城市景观的观察与描写，成为东京散步的代名词。后人为了纪念他，也喜欢走一趟他的行走之地，试图为东京留下更多书写。

市民的狂欢与祭典：阿波舞

东京的夏季过于炎热，但炎炎夏日似乎不是只能在家里吹冷气。四季分明的日本，在仲夏逐渐走向秋天的时候，最热闹的祭典也在全国各地展开。

以往对于祭典的印象，似乎只是农业社会的活动，大家在农忙之余敬天祭祖，放下平日的重担，在欢欣鼓舞的庆典中享受食物、舞蹈、音乐，可以暂时放下人与人之间的界限与社会的种种限制。

大家印象中的日本人总是循规蹈矩、正经八百，然而他们在酬神的祭典中，却可以大方跳舞、大声喧哗。男人在某些祭典中赤身裸体，扛着神轿；女人也可以穿着浴衣，在人群中感受欢乐的气氛。

“祭”在日文中本来是指祭祀祖先或神灵的仪式，在时代变化中，逐渐结合饮食和娱乐的功用。

现在日本人的“祭”，除了传统寺庙、农村仪式以外，还延伸到各级学校的“学园祭”、施放烟火的“花火祭”、商店街的“特卖祭”等庆祝活动。日本的民俗学奠基者柳田国男（一八七五年～一九六二年）在《日本的祭典》中指出：

> 祭典原本是农民崇拜自然的表现，一般在神道教的神殿中举行。随着社会发展，以京都为首的都市开始出现，都市文化日趋丰富，吸引游客的大型祭典仪式也随之流行起来。

我们先来看看京都七月的祇园祭，其久远历史和庞大规模，闻名世界。祇园祭起源于公元九世纪中期，原本是在瘟疫蔓延时才举办的敬神祈福仪式，后来成为固定的活动。每年由不同的行政区负责，各町家在活动前即开始组装山鉾、清洗整理、准备祭祀用品。而其中呈现的传统工艺，在一代一代继承中，装饰更加繁复，例如最主要的神轿，就越来越精美。

祭典不只可以活化传统，将传统整合性地表演出来，也可以创造地域的文化。附近的村落、社区也通过祭典，呈现自身最骄傲的食物和工艺，成为市集。祭典不仅可以延续文化，还可以消费，刺激经济增长。

那么东京的祭典又如何呢？

阿波舞

五光十色的东京有着最前卫的时尚资讯，但构成其文化最重要的部分还是来自传统。这个传统不在博物馆之中，而是在不同街区创造出新的文化与新的祭典。

农历七月时，日本各地寺院都举办祭典。中国有中元节，而日本则是盂兰盆节，农历七月一系列活动都和逝去的祖先相关。盂兰盆节仪式除了受到中国传来的佛、道教影响，还有日本本身的神道信仰和柳田国男所谓的“氏神信仰”①。

在结合了不同传统的盂兰盆节里，日本人还增加了舞蹈表演，在节日期间，各地寺庙都举办不同的盂兰盆舞，目的是酬神和敬祖。现在最有名的盆舞当属四国德岛的“阿波舞”。德岛的民间舞蹈超过五十种，有“祈雨舞”“太刀舞”“精灵舞”等，所以喜欢跳舞的德岛人在盂兰盆节当然也要跳一下。

盂兰盆节的宗教性在江户时代逐渐降低，随着庶民文化的发展，节日的气氛越来越浓厚，此时是大家赶市集、跳舞、看表演的日子，全国皆然。

江户时期的德岛民众对于跳舞相当热衷，跳舞搭配华服，广为流传，德岛藩主还下过好几次禁令。但他们后来不只盂兰

① 氏神即居住于同一聚落、地域的居民共同祭祀的神道神祇，共同信仰此神明的信徒称为氏子，而祭祀氏神的处所则称为氏社。

图 4-1

阿波舞

图 4-2

阿波舞

图 4-3

阿波舞

图 4-4

阿波舞

盆节跳，也在不同时间跳，赋予不同的名字，即是现在流传的阿波舞。

阿波舞后来不只在德岛，还在日本各地流传，成为日本的国民舞蹈，全国共有六十多个地方在七月有阿波舞祭。日本关东地区的三大阿波舞祭典分别是：东京高圆寺阿波舞祭、神奈川大和阿波舞祭、琦玉南越谷阿波舞祭。其中又以高圆寺的阿波舞祭规模最为庞大，仅次于阿波舞的诞生地德岛。不知道大家有没有印象，连上海世博会也有阿波舞的表演节目。

东京高圆寺阿波舞祭

阿波舞的韵律很简单，手足交错向前挥，搭配着两拍的节奏，简单易学，以舞者的不同予以划分，有女孩舞、男孩舞、男女混舞、男子舞和女子舞五种。舞步虽然简单，但变化多样，加上男女老幼都参加，不同年龄层的舞者展现出不同的样态，使观者目不暇接。

祭典是人与人之间的活动，虽然可以预演，但动态的展演处处可以表现力量与能量。阿波舞在行进之中跳舞，不需要广场，边走边跳，穿越市街之中，可以让更多人围观。轻松的曲调，展现出活泼的气氛。女子头戴乌追帽，穿着紧身的浴衣，表现肢体的美感；而男子的“纸鸢舞”则较为奔放，有着大幅度摆动。

高圆寺阿波舞祭在八月底晚上五点到八点开跳，由二十九个连队组成，“连”的组成可能是同一个社区，或是同一条商店街，每个连队都有其历史传承，各有不同颜色的服装及队伍的组织方式。

有一年我在东京中央大学的多摩校区参加“第七回中国中古史青年学者国际会议”，虽然从多摩到高圆寺得花上一个小时的时间，但参加祭典的动力使我在研讨会之后，赶去躬逢其盛。我大约晚间六点半到达 JR 高圆寺站，从站外传来震天的声响，附近已经陷入一片疯狂。所有的道路都禁止汽车通行，今晚道路属于所有居民，是无拘无束的表演场地。

舞者在场中尽情地跳舞，围观的群众也跟着节奏舞动起来，大家都被欢欣的气氛感染。当天晚间七点下起了一场小雨，但没有淋湿衣裳，反而更加凉快，舞者在舒服的温度中更卖力地演出，群众也提高了兴致，每个人似乎都专注在热闹和欢欣的气氛之中。

「博物馆」的诞生：东京国立博物馆

中文的“博物馆”一词来自日文的汉字，后来使用中文的人完全地参照日本人的翻译。

翻译这个词的人是福泽谕吉，他在参观十九世纪欧洲的Museum之后，在《西洋事情》之中将欧洲这种为了传播知识而陈列物质文化、古代器物和稀有宝物的地方叫作“博物馆”。福泽谕吉也观察到，矿物博物馆陈列着不同的矿物、宝石、金属，并且加以分类和标示；动物博物馆就展示各式各样的动物、鱼类和昆虫；而植物博物馆就陈列植物。

教育国民的博物馆

十九世纪的欧洲博物馆主要是为了“展示”刚形成的国家，

形塑当时公民的国家认同，也为了增加国家在国际上的文化实力。

一个人身为哪一个国家的国民或公民不是一件理所当然的事，不是自己可以事先决定的，所以要怎么理解一个国家的文化，需要被灌输、需要学习。而博物馆的建立就是在诉说着一个国家的过去。

不只西方，东方国家的历史进程也是如此，只是时间上延后了一些。

明治维新之前，原本的日本人被束缚在世袭的阶级制度中——天皇、贵族、将军、武士、平民或是奴隶——被限制在各个大名和诸侯的管辖之下。当时的人只理解自己属于哪一个阶级，是哪一个藩下之人。但明治维新后，国家统一，原本各个地域的人都变成“国民”。国民在成为国民之前，是不懂得怎么当国民的，所以国家博物馆就承担了一部分的教育工作。

东京国立博物馆的建置

在上野公园内的东京国立博物馆，不只是一座博物馆，可以说是博物馆群，除了本馆外，还分成东洋馆、平成馆、表庆馆和法隆寺宝物馆等。

坐北朝南的主体建筑是主馆，右侧则是坐东朝西的东洋馆。东洋馆有十个展览室，主要陈列日本以外的亚洲美术、工艺品和考古文物，第一层为中国雕塑，第二层则是中国书法、绘画和青铜器等文物。面对东洋馆，坐西朝东的是表庆馆，为一九〇九年完成的建筑，现在只在专题展览时开放。法隆寺宝物馆在东博建筑群的西南角，共有三百多件文物，为了收藏一八七八年由法隆寺献纳给皇室的文物而建。平成馆则位于西北角，以回廊和主馆连接，为纪念现在的皇太子德仁亲王成婚而建。从建筑风格来说，东京国立博物馆群每栋都不大一样，分别完成于不同时代，都有历史和时代的痕迹。

二〇一二年，东京国立博物馆庆祝成立一百四十周年，往前推回去，成立的时间应该为一八七二年，也就是明治五年。

然而事实上，上野公园内的博物馆直到明治十四年（一八八一年）才由英国建筑师 Josiah Conder 完成，确立了博物馆位置。这样的话，究竟前面几年的博物馆位于何处呢?

国家的历史要怎么呈现?

明治政府刚成立时，对于自己国家的历史要怎么呈现，也花了一番心思。究竟什么样的文物才算国家的文化呢?绘画、陶瓷、书法等艺术算是国家的文化吗?日本所特产的虫、林、鸟、兽，算不算自然文化或是自然史呢?

除此之外，博物馆这样的建设是从外国学习而来的，似乎因为别的现代国家有，所以日本人也得要有。明治政府特别在文部省之下设立博物局，明治五年（一八七二年）在汤岛圣堂举办的博览会，被当成东京国立博物馆的前身。

一八七三年，日本参加奥地利维也纳的万国博览会，成立博览会事务局以处理相关事务。除此之外，政府也开始订立国宝的标准，一些以前私人收藏的美术作品、雕塑，寺院中的书籍或是代代相传的佛像，将军和大名所收藏的器物，都描摹并列册。明治五年的“壬申检查”，开始一一确认国宝，防止失势的诸侯或是华族将这些东西变卖。

“壬申检查”以奈良、京都、志贺、三重等古代神社寺院为中心，进行宝物调查，由文部省派出的町田久成（一八三八年～一八九七年）担任负责人，町田久成后来成为东京国立博物馆的首任馆长。他出身萨摩藩，在幕末时期为萨摩送出的英国留学生。当他参观大英博物馆及巴黎万国博览会后，深感国家博物馆对凝聚国家认同的重要性。

町田久成以关西的古代神社和寺院为中心，进行宝物调查，明治五年八月十二日与敕使一同开封正仓院的宝物，对于古物进行摄影、临摹、采集拓本等工作。当时所使用的临摹以及拓印的工作相当扎实，很多清晰的摹本至今仍存放在东京国立博物馆中。

町田久成对建立国家博物馆有一套自己的想法，他认为人文、自然史、产业都必须包含在内，所以必须具有博物馆、动物园、植物园、图书馆等大型园区。他的想法后来具体落实在上野公园内的上野动物园、东京国立博物馆和东京国立科学博物馆。

博物馆的建筑

明治十九年在上野公园成立的东京国立博物馆，也是 Josiah Conder 所建。他的建筑教育得自伦敦大学，后半生都奉献给了日本的建筑。他与同时代的英国建筑师相同，都深受东方主义的影响，在建筑上主要呈现撒拉逊（Saracenic）风格。

撒拉逊，指的是今天叙利亚到沙特阿拉伯之间的沙漠牧民，广义上则指中古时代所有阿拉伯人。撒拉逊的建筑风格其实并不是阿拉伯人自己创造出来的，而是西方人指涉阿拉伯人建筑风格的一种泛称。

后来英国殖民印度时，还出现一种印度撒拉逊风格，建筑的骨架还是欧式风格，外表点缀一些伊斯兰或是印度风格装饰，普遍表现于殖民地建筑。

从英国来的 Josiah Conder，觉得日本以往的木造建筑和西式建筑无法搭配，所以在撒拉逊风格中找灵感，设计了他所说的“伪撒拉逊风格”（Pseudo Saracenic）的博物馆。

但那时的博物馆因为关东大地震，现在已不复见。当初的设计图还留存着一部分，目前任教于波士顿大学的华裔美籍学者 Alice Y. Tseng 在其专著《明治时代的帝国美术馆》（*The Imperial Museum of Meiji Japan*）中曾经将其复原，并且试图寻找 Josiah Conder 设计这座美术馆时的想法。

日本趣味的西洋式建筑

从明治、大正走到昭和时期，日本从一个贫穷的前现代国家，历经维新，变法图强，对外发动战争，对于自身的文化开始较有自信，这也具体地展现在其建筑风格上。

重建的东京国立博物馆本馆，不再依靠外国人，不再受外国人分不清伊斯兰、中国和日本的影响，日本人知道如何利用西方的建筑工法，建造具有日本特色的博物馆。

与 Josiah Conder 建立的博物馆相比，复兴后的本馆更强调日本风味，采用建筑师渡边仁的设计，是以日本趣味为基调的东洋式建筑。建筑本体采用混凝土钢筋，而风格则是日本式，两者形成所谓的“和洋折衷”。以木造的和风屋檐为其特色，使用“切妻造”，即“悬山式”的建筑，为东亚传统建筑常见的一种屋顶形式，屋顶的檩伸出墙外，还加入破风、垂木、组物和高栏等日本建筑常用的样式。

除此之外，正面入口处最为著名的就是“帝冠样式”的屋顶，以斗栱再加上琉璃瓦，模仿日本神社。东京国立博物馆为最早使用此一样式的建筑，类似的设计在殖民地台湾地区也能见到，像高雄车站。

从重建后的本馆可以看到日本对于西方建筑的吸收与转化，他们采用西方建筑耐震和防火的功用特性，再加上和风的样式，展现出融合后的特殊性。

图 4-5

东京国立博物馆

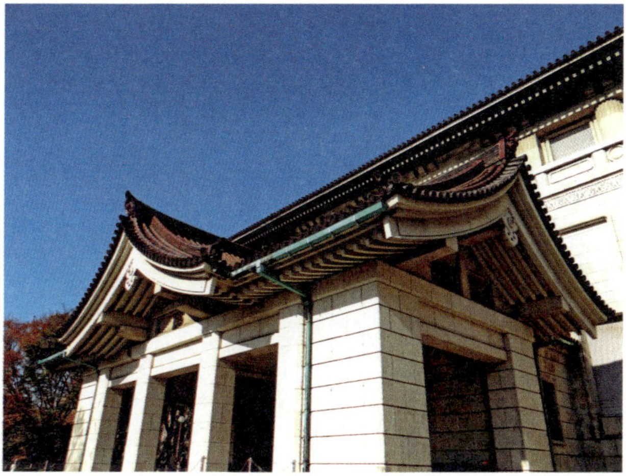

图 4-6

东京国立博物馆帝冠样式的屋顶

图 4-7

东京国立博物馆大厅

图 4-8

深秋的东京国立博物馆外一景

「美术」的诞生与东京博物馆建筑群像

二〇〇一年，东京国立博物馆和东京国立现代美术馆举办特展“解读美术馆——表庆馆和现代美术”（美术馆を読み解　表庆馆と现代の美术），从展览的名称即能发现表庆馆和西洋现代美术传进日本的关系。

“美术”的诞生与表庆馆

和“博物馆”这个词一样，中文的“艺术”或“美术”这两个词也是日本人创造的，是明治维新时期日本人接触 Art 所创造的词语。就像中国的传统分类“琴棋书画”一样，日本以前只有“书画古董”等不同技艺，当然没有西方 Art 的概念。按照著名的艺术学家神林恒道的讲法：

> 绘画刚开始译为“画学”，风景画与静物画则分别为landscape、still-life的翻译语。一般说来，他们被视同为“山水”“花鸟”的对应物而被接纳，但是事实上却无法完全呼应、等同。举例来说，严峻的水墨山水世界，与阳光洒落遍布的印象派风景画，在感官上充满了异质性。静物最原初的语源为“死去的自然”（natura morta），但是东方花鸟的世界中，描绘的都是饱含生命力的花草、鸟兽、鱼虫。

西方传入的观念，不一定在传统的日本美术当中找得到对应的概念。

明治时代采用西方的分类，将以往的书画归类为“古美术”，而新传入的油画、版画等西式画法为“美术”。在东京国立博物馆旁边的表庆馆，即是展现日本现代美术而成立的场所。

明治四十一年（一九〇八年）完成、隔年开馆的美术馆，是赤坂离宫（现迎宾馆）和奈良、京都两个国立博物馆的建筑师，也是宫内厅的御用建筑师片山东熊所建，为了纪念当时的皇太子（之后的大正天皇）成婚。

表庆馆的建筑强调对称与空间的特性，中央的大圆顶搭配左右对称的小圆顶，以青铜打造，整体风格为新巴洛克式风格。炼

图 4-9

表庆馆

图 4-10

表庆馆

瓦及砖造的外墙，砌上白色的花岗岩，一楼为四角柱，二楼则是爱奥尼亚柱式①，正面立着两只狮子，这座建筑和台北馆前路的台湾博物馆最类似，两者几乎完成于同一个时代。

关东大地震发生后，由于东京国立博物馆本馆严重毁坏，幸存的表庆馆就开放给一般民众参观，以维持博物馆的营运，一直持续到昭和十三年（一九三八年）本馆重建之后。

父子档所建的东洋馆与法隆寺宝物馆

前文提到东洋馆主要陈列日本以外的亚洲美术、工艺品和考古文物，而法隆寺宝物馆则收藏法隆寺献纳给皇室的文物。两者分别为谷口吉郎和谷口吉生所建，于一九六八年与一九九九年完成。

谷口吉郎和谷口吉生是父子，在日本建筑学界是一对传奇的父子档，为东博留下两栋独具风格的建筑。

谷口吉郎在一九二〇年代接受建筑教育，师从日本建筑大师伊东忠太，他一生主张将亚洲的建筑风格融入西洋的骨架之中，特别强调日本的风土，为建筑增加新的血肉，重要作品包括东宫御所、东京国立近代美术馆本馆、帝国剧场、出光美术馆和大仓饭店的大厅。

东洋馆在建筑的特色上遵循谷口吉郎的建筑理念，以日式房子的"高殿造"为设计风格，将房屋的主体垫高。日式房子的另

① 爱奥尼亚柱式：源于古希腊，是希腊古典建筑的三种柱式之一（另外两种是多立克柱式和科林斯柱式），特点是比较纤细秀美，又被称为女性柱，柱身有二十四条凹槽，柱头有一对向下的涡卷装饰。

一个特点是“缘侧”，即房舍外缘有多出来的通道。东洋馆也以缘侧回廊围绕，正面以八根柱子形成平衡稳定的感觉。

谷口吉郎在日本建筑界相当出名，但是他现在常因儿子谷口吉生的大名而被世人注意。

谷口吉生本来不想当建筑师，他先在庆应大学就读机械工程，还没读完便去哈佛大学接受正式的建筑教育，是“二战”后日本第一批出国攻读建筑的建筑师之一。

回想一九六〇年代的建筑，早年勒·柯布西耶（Le Corbusier）的现代建筑已经开始被挑战，当时的欧洲与美国都开始思考新建筑的可能性，尝试将城市和人结合。

从谷口吉生的建筑来看，还是能看到强烈的日式风格，相当强调精确与利落，或许受他早年学习工程的影响，建筑巧妙地利用墙面和楼板，将空间以多样化的块状呈现，展现出流动的感觉，使得观者的视线随之转移。他的作品从来不哗众取宠，而是以简单的几何图形，与周边的环境结合，没有烦琐的建筑语言，以对称的比例和简单的线条，打造丰富的光线与空间层次。

法隆寺宝物馆被周围公园的绿树所环绕，位于表庆馆的后方。我造访时，秋日的枫叶正红，穿过美丽的枫树后，柳暗花明又一村，看见清澈的池水。浅浅的池水用来映照四周的光影，使周边的景色与建筑融合。

或许可以把法隆寺宝物馆描述成一个立方体，在绿树环抱的东博建筑群中，它沉静地守在一个角落，而到访者可以通过水池上窄小的石板桥，走进这座宝物馆的入口。进入之后，宽敞且明亮的空间令人眼睛一亮，确实像一座收藏珍贵物品的秘密场所。

展厅之中，精巧设计的照明灯光让参观的路线清楚呈现，四周的光线保持昏暗，只有珍藏的宝物被柔和的灯光照亮，突显宝物的神秘与珍贵性。

法隆寺宝物馆整体外观像一个石头制成的盒子，谷口吉生的灵感来源就是收藏珍品的宝盒，盒子的入口以大片透明玻璃区隔，从外面看，大片的玻璃映照着周围的景色，随着四季的风景而转化，宛如一幅随时变动的画。进入室内后望着室外风景，玻璃消融室内与室外的空间感，让宝物馆成为一座可以亲近、得以进入的建筑物。

法隆寺的宝物可以追溯到公元七世纪，为佛教一开始东传日本时所留下的珍品，除了日本制作的宝物外，还有从中国得到的稀世珍品。

而当我从“宝盒”的内部走出来时，看着外面的枫叶及蓝天，深秋的阳光透过大片玻璃过滤而洒落在馆内大厅中，这般风景一点也不输馆中的宝物。

图 4-11

法隆寺宝物馆

图 4-12

法隆寺宝物馆

「动物园」的诞生：上野动物园

我常去东京，有些地方虽然很有名却不会想去，像是上野动物园，直到有了孩子之后才前往参观。孩子让我了解生活的更多面向，并看到城市的不同层面。

上野动物园是东京居民和孩子们平日的好去处，但可能很多人不知道日本"动物园的诞生"就在上野。从上野动物园的发展来看，可以看到西洋文化如何在亚洲生根，并通过动物园看到日本的近代史，不论是模仿西方、侵略亚洲，还是战后的《和平宪法》，都可以在动物园的历史中看到蛛丝马迹。

"动物园"的诞生

"动物园"这三个字怎么来的？虽然是中文，却是日本人用汉字书写后，才被中文世界所使用，而创造“动物园”这个词语的就是福泽谕吉。

福泽谕吉在一八六二年，明治维新之前，前往欧洲几个大城市，例如伦敦、巴黎、鹿特丹、阿姆斯特丹和柏林，去了解富强的方法。

他明白，要求得富强，不能只看船坚炮利的兵工厂或是生产火车的工厂，也要看看博物馆、动物园，了解西方人怎么消遣、陶冶身心。

当时一行人的日记写着“游园”“禽兽园”“鸟兽园”“畜兽园”，我们或许可以想象使节团当时的惊讶。他们在伦敦的动物园第一次看到长颈鹿，写下：“豹纹驴足，只吃木叶却不吃草。”

这群穿着武士服并第一次参观动物园的人，想着：“西方人平常就是看这些东西，才和日本人具有不同的视野和先进的文明啊！”

“动物园”这个词语第一次出现的时间是一八六六年，福泽谕吉在《西洋事情》这本书中介绍他在西方的所见所闻，提到动物园时，他是这么说的：

> 动物园畜养活的禽兽鱼虫，狮子、犀、象、虎、豹、熊……世界上的珍禽奇兽都养在园内，并且根据它们的习性

给予不同的食物，具备冷热潮湿干燥的设备。

福泽谕吉果然是大师，对于西方文化的掌握，从大学的创设到动物园，都有精确的认识。在福泽谕吉写下了“动物园”这个词语十六年后，动物园也在东京的上野开幕了。而选择在上野设置动物园和周边的附属设施，与同时在上野设置的东京国立博物馆有关。

作为博物馆一部分的上野动物园

上野公园有一系列的博物馆群，像是东京国立博物馆、国立科学博物馆、上野之森美术馆、近代美术馆等。设计者町田久成认为博物馆不只要展示古物，还必须包含人文、自然史、产业。他的想法后来具体落实在上野公园内的不同博物馆之中，而动物园也在这样的大计划中被包含进去。

上野动物园一开始设立在博物局之下，这块土地本来是德川幕府东照宫的所在之处，广大的土地被茂密的森林所覆盖。上野动物园开园的时候向大众展示的有鸟兽室、猪鹿室、水牛室、小禽室和水族馆等，一个小型动物园的陈设已经具体而微。

近代国家动物园的特征就是向民众公开，博物馆中的古物也是如此。以往只有皇室才看得到的珍禽异兽和稀世珍宝，现在都属于国民所共有。

上野动物园的完成，象征了一种文化的形成。

与宫内厅的关系

上野动物园发展过程中相当重要的一环，是开幕四年后（一八八六年），转移到宫内厅管辖。

本来上野动物园的上级单位是博物局，博物局隶属于农商务省。当初博物局成立的目的是要提倡产业和研究自然史，振兴日本的产业，而动物园也是其中一环。但后来博物局最主要的业务变成古物的登录、整理与保存，明治政府认为这些以往的珍稀宝物还是由天皇直辖的宫内厅来处理较为适合，所以上野动物园也一起转到宫内厅。

延续博物局的工作模式，上野动物园主要保存日本境内的物种，而非自然科学的发展。因此，上野动物园也收纳了皇家的动物。

甲午战争，日本胜利后，在中国获得的动物和战争期间有功的动物都呈上给天皇。宫内厅的上野动物园就成为这些动物的收容处，像在旅顺所捕获的双峰骆驼，送到上野动物园时刚好产下了小骆驼，在当时成为话题。

关东大地震也对上野动物园产生很大的影响，当时东京居民流离失所，所以天皇开放上野公园作为避难处。

东京市民的休闲地

关东大地震时上野公园成为东京五十万名市民的避难所，让宫内厅开始思考上野公园和动物园的未来方向，让上野公园成为市民的共同休闲地，而非皇家所属，所以在震灾过后，上野公园（包含动物园）下赐给东京市的公园课。

事实上，在同一时期，大阪、京都和名古屋三个大都市都有自己的市立公园，只有东京没有。上野动物园其实早就成为东京市民生活的一部分，长颈鹿和河马等动物入园后，让民众对动物园大感兴趣。

在关东大地震发生前，东京市民到动物园已经超过一百万人次，所以与其由天皇直辖的宫内厅管辖，不如下放给东京市。

从日本动物园的设置也可以看到日本近代化的演进。从福泽谕吉认识动物园，到一九三九年时，日本已经有十七座动物园，外加当时属于日本帝国一部分的台北动物园，一共有十八座。当时也成立了日本动物园水族馆协会，由上野动物园园长担任会长，协会负责讨论动物园的展览、发展和功能。由此可见，当时的动物园已经成为日本现代生活文化的一部分。

第二次世界大战也波及了上野动物园，当人都吃不饱了，动物也不会太好过。东京大轰炸时，大量燃烧弹落在公园内，造成动物死亡和房舍损毁，加上缺乏食物，很多动物都饿死了。

作为亲善大使的上野动物园

日本战后由美军接管，上野动物园的复原一开始是由美国人

图 4-13

上野动物园正门

图 4-14

象征中日友好的熊猫区

图 4-15

上野动物园里的熊猫本尊

负责的，他们从美国国内动物园中运送了一些狮子、老虎到上野动物园，是战后日本动物园较缺乏的动物种类。

日本方面也选了一些日本特有的动物送到美国，作为交换，像是鸟取县特产的日本山椒鱼。

随着战后日本与其他国家恢复正常关系，动物的交换成为象征友谊的礼物，像是印度来的大象、中国来的熊猫都成为上野动物园一时的动物明星。通过交换动物，了解他国的动物，促成两国人民的认识。上野动物园将动物视为国际和平的亲善使者，有所谓的 zoo is the peace 的想法。

从上野动物园的历史，我们可以看到亚洲第一个西化的国家如何学习西方，建立起动物园。在一百多年的历史中，上野动物园不只是动物的繁衍而已，牵涉到文化和社会如何观看动物，并利用动物作为政治和外交的工具。

建筑的神启：东京圣马利亚大教堂

各行各业都有大师，大师创造出时代的方向，建立标准，让后来的人得以追随；大师树立起高度，让晚辈得以站在其肩膀上，看得更远。

前文提到的代代木竞技场的设计者丹下健三，他不只是大师，在日本战后的建筑界更像是一个国王，丹下的儿子丹下宪孝如此描述他父亲所创造的王国：

> 他不是那种千方百计在每一项设计中都加入自己风格的人，对一个绝对的国王来说，无须亲自建造帝国的每一个角落，别人也会百般追随他的喜好。

反映时代，领导未来

时代的因素或许可以解释一个大师崛起的原因，但并不完全，大师的作品不仅可以反映时代，还领导未来的方向。丹下健三出生于一九一三年，创作的高峰主要在一九六〇年代，由于日本当时经济高度增长，东京奥运和大阪世界博览会相继举办，人们对于科学、技术文明有着乐观的态度，相信时代会随着科技的日新月异不断进步，丹下的建筑就反映了这个时代的特色。他经历战争的洗礼，直到战后才得以大显身手。日本本土在战争的摧残后，很多地方都成了废墟，尤其是广岛和长崎这两个遭受原子弹蹂躏的城市。

丹下健三第一件获奖的作品就位于广岛，这个象征日本从废墟中迎向未来的城市。他在“广岛城复兴和平纪念城市建设法”的竞赛中，设计广岛未来的发展——以广岛和平广场为核心，设置城市轴，其中还有原子弹爆炸的陈列馆、慰灵碑。在建筑中，最令人震撼的画面就是原子弹爆炸后尚存的一栋残破建筑，它遥遥地与慰灵碑相对，整体的设计相当简洁，通过刻意放大的规模让建筑增加纪念性。

使丹下健三成为当代建筑大师的作品，当属一九六四年东京奥运的主场馆代代木竞技场，他也在代代木竞技场完工的同一年，完成了东京圣马利亚大教堂，创作力和技术能力都达到了巅峰。

神圣的空间

东京圣马利亚大教堂本来完成于一八九九年，为木造的哥特式建筑，不幸于“二战”时烧毁。为庆祝日本政府承认天主教一百周年，于一九六一年开始竞图，当时参加的建筑师都是一时之选，除了丹下健三之外，还有谷口吉郎，也包括丹下健三的老师前川国男。拿下优胜的丹下健三当时并非天主教徒，并不了解天主教的教义，而是想要设计出一个具有神启的空间，他说：“要让人不论站在哪个角度，都看不到教堂空间全貌的神秘空间。”

在建筑的外观上，丹下健三使用了“双曲抛物面的薄壳结构”，使用混凝土钢筋的薄壳建筑的相关技术在一九五〇年代开始成熟地利用在建筑上，知名的建筑像是悉尼歌剧院、台湾东海大学的思义堂。丹下健三与结构技师坪井善胜不断讨论，将技术与设计发挥得淋漓尽致，在超过三千六百平方米的空间中，将八片 RC 的薄壳面以十字形直角交叉，构成双曲抛物面，使建筑的构件较为轻巧。

圣马利亚大教堂的薄壳结构不是几何形状，而是不规则的倾斜三角形，有如一只等待飞翔的鸟，造型与设计即使在今日看来都相当前卫，何况当时没有电脑可以计算结构，在施工上更为不易。教堂外部以闪闪发光的不锈钢象征圣母与基督的光辉，在东京的天空下照射社会与人类的心灵。相较于外表的辉煌，内部则

图 4-16

东京圣马利亚大教堂外观

图 4-17

东京圣马利亚大教堂内部

是如同洞穴一般的空间，薄壳曲面之间的玻璃将外面的光线引入。丹下健三的想法是：“在神圣的空间之下，为什么需要柱子呢？神指引我用墙来延伸成屋顶，而屋顶再延续成墙，使空间结构产生了连续。”

与西方的天主教教堂不同，这里没有太多装饰与彩绘玻璃，内部由清水混凝土形成朴素的空间。高达四十米的广阔空间，连续且开放，通过外部光线将视线引导至前方的十字架上。在这样的建筑中，人的心自然地沉淀而宁静，谦卑地敬仰着造物主。

丹下健三作品当中，我最喜欢的正是超过半个世纪的东京圣马利亚大教堂。大多数的教会都将大门正对马路，然而设计圣马利亚大教堂时，丹下健三让礼拜者先走到卢尔德之泉，再走入圣堂。我在一个平日的午后，从 JR 目白站走出来，安静地在文教区与住宅区中散步，但在远处不易察觉到圣马利亚大教堂。走进只有寥寥数人的教堂内，似乎感受不到宗教的神启，而震撼于整体的空间设计。

丹下健三并非天主教徒，直到晚年才受洗，而建筑大师的葬礼就在自己所设计的教堂中举行。他不只是一个建筑大师，更带领了一批后起之秀，并成为第一位获得普利兹克建筑奖的亚洲人。广岛和平纪念公园、代代木竞技场和东京圣马利亚大教堂都是丹下健三早期的作品，也是他创造力最丰富的时候，他不只盖起一栋一栋建筑，更思考文化、传统，与建筑机能性、与城市及社会之间的关系。

二〇〇五年，丹下健三以九十一岁的高龄去世，大弟子矶崎新宣读吊词：

> 丹下最大的功绩在于通过国家的重大活动，让世界认识了日本的现代建筑，与其说他是建筑设计师，还不如说他是位管弦乐队的指挥家。他的去世，也代表了一个时代的结束。

吊词中还一再地强调“意志”，说明丹下健三一生的坚定理想，而这也是他留给后世的“遗言”。

与时代共生：代谢派与国立新美术馆

一九六〇年五月，世界设计会议（World Design Conference 1960）于东京召开，不少工业设计者和建筑师齐聚一堂，讨论“二十世纪的整体映像”（Total Image for the 20th Century）。为了准备大会主题的内容，一群年轻的建筑师每晚在有乐町的旅馆“柳月”聚会，经过一段日子讨论后，决定以“人”“自然”“社会”三个概念的“三角构造论”，作为建筑与社会、建筑与环境之间的联结。

具体来说，人—自然之间是生产设计（Product Design），而人—社会之间是沟通设计（Communication Design），而社会—自然之间则是环境设计（Environment Design）。

这群设计师引领了日本战后的建筑界，丹下健三和他的年轻弟子们，包括菊竹清训、槙文彦、大高正人和黑川纪章，青出于蓝，成为日本建筑史上举足轻重的“代谢派”（Metabolism）。

代谢派

代谢派企图从日式的建筑想法中推演出一个普世的概念，为未来社会提出愿景。他们的想法多少受到当时科技快速进步的影响，认为人类社会是“从看不见的原子，发展到无穷尽宇宙过程中的小阶段”，必须以正面的态度面对不断变迁的社会，一代一代的延伸与成长就是“新陈代谢”。

新陈代谢是面对时代变迁的正面态度，当人类的需求变化，建筑也要随着时代更新居住的单元和方式，而都市景观、都市的基础设施也必须随着社会与经济，提供人类所需。日本战后最重要的建筑运动“代谢派”因此而产生，在建筑史上，它是当时唯一一个非欧美地区所发起的建筑运动——一个对于建筑与设计不一样的声音。

代谢派是一种建筑思想，更是对人类发展方向的一种宣言。日本的建筑师除了盖起一栋一栋的房子外，也对人类的生活空间、整体的都市景观与环境的关系提出看法。这些想法对于中国的建筑师们来说，或许太过奢求了。

一九七〇年的日本大阪万国博览会，成为代谢派建筑师们大展身手的场所。会场中央是丹下健三设计的广场，在广场中央是艺术家冈本太郎设计的太阳之塔（天照大神的化身），内部的空间设计由画川添登所设计，呈现了生命演化的主题。更有黑川纪章设计的胶囊型未来住宅，垂吊于广场中央，呼应代谢派的想法。

黑川纪章后来于东京设计的中银胶囊大楼（Tokyo Nakgin Capsule Tower）就是根据万国博览会的想法而来。一九七〇年代的日本和欧美因为都市化的因素，建筑和空间设计者普遍关心人与机械、科技文明之间的关系。建筑在其中可以扮演什么角色呢？黑川纪章的“代谢论”所表现的，就是个体和社群之间的一种空间概念。

中银胶囊大楼由一百四十个类似胶囊的舱体构成，彼此之间并不对称，也没有相互对应的关系。每一个胶囊的居住空间很小，其中有床、厨房和卫浴设备，满足住户生活的最低需求。

黑川纪章认为每一个胶囊都保障了一定的生活空间，并可以使个人的精神和心理维持一定的健康，还可以维持社会的秩序，使个体得以“共生”（symbiosis）。他说：“共生的思想，是将本质上相同的思想加以调和、妥协、共存、混合、折中。”

黑川纪章后来针对“新陈代谢”的想法深入思考，进一步发展出其建筑哲学。他于一九八七年出版《共生的思想》一书，其后在这本书的基础上修订成《新共生的思想》重新发表，并译为英文，引起相当大的反响。

看黑川纪章的建筑之前，需要对其想法有所理解，他认为："建筑重要的并非在建筑物本身，而在于其思想。"本来想读哲学的他，对于建筑背后的思想相当重视，故看他的设计不只是看建筑本身而已，必须从空间理解人与建筑、景观与社会之间的辩证。

黑川纪章在将近五十年的从业生涯之中，完成的著名作品相当多，除了中银胶囊大楼，还有知名的广岛现代美术馆、国立民族学博物馆、国立新美术馆。除了日本以外，在全世界四十个国家都可以看到他的作品，像是荷兰阿姆斯特丹的梵谷美术馆新馆、吉隆坡新国际机场、中国南京艺兰斋美术馆、哈萨克斯坦首都的都市规划等。

国立新美术馆

二〇〇七年开幕的国立新美术馆，位于东京的六本木，是黑川纪章在世时所完成的最后一件名作。新美术馆究竟"新"在何处？从英文名字就知道其定位，本来称为 National Gallery，现在则称为 The National Art Center，强调美术馆的"展示空间"，而非典藏的角色。这是一座没有收藏的美术馆、一座全国最大的美术展示空间，提供艺术单位公开展示。

为什么由黑川纪章盖这栋建筑呢？如果不说，实际到过国立新美术馆的读者们可能不知道这座建筑是通过旧建筑加以改造的，实际上，国立新美术馆的前身是一九二八年旧陆军步兵第三联队兵舍。黑川纪章改造旧的军营，覆盖原有的建筑，并且重新设计正面的外观。

建筑的外观是由玻璃呈现的弯曲造型，以金属框架支撑玻璃，两者都是坚硬的材质，然而建筑本身却呈现连续性的抛物曲线，宛若一层一层的波浪般柔软，使人容易亲近。进入建筑之后，在巨大的玻璃帷幕中，正面无柱的空间使得内、外视觉的差异消失，外面广大的青山公园将绿地与建筑融合在一起，而室内两个高达三层楼的倒圆锥体则是餐饮空间。

一般玻璃帷幕的大楼往往让人觉得壮观、僵硬而且冰冷，但是国立新美术馆由于有波浪状的外观、室内不同高度的圆锥体，再加上室内墙面由一整排暖色系的木条所覆盖，使得整个空间活泼且温暖。

我在二〇一三年的十二月造访这个获得不少国际建筑奖项的杰作，除了欣赏建筑本身，还在博物馆内享用美食。博物馆内的两个倒圆锥体，一个为餐厅，一个则为咖啡厅。餐厅由法国米其林三星主厨保罗·波寇兹（Paul Bocuse）负责，咖啡厅则由时尚杂志 Vogue 所营运。

餐厅和咖啡厅都不受开馆时间的影响，在美术馆闭馆之后仍然持续营业，白天可以在此欣赏户外广阔的绿地，晚上则可以欣赏六本木的夜景，并且享用美食。两者当初设计的用意或许在活化这个场地，让不想参观展览的人也可以在此欣赏黑川纪章的建筑，享用法式美食。

当我在冬日的午间吃完法式料理后，阳光洒入室内，透过玻璃帷幕和金属框架，效果有如水平的百叶窗，既有遮阳的效果，又不阻挡视线，而且使得冬日的下午也变得温暖。在窗边的桌椅上，不少人静静地看着窗外，这里真适合待上一整天。

图 4-18

阳光洒落在国立新美术馆内

在国立新美术馆开幕的同一年，黑川纪章离开了人世。他的人生相当精彩，除了在世间留下相当多作品，人生观也相当积极。他晚年投入政界，成立“共生新党”，参与东京市长选举。虽然没有胜选，无法以他的想法实践自己的建筑哲学、改造东京的未来，但他一辈子都是实践的哲学家，用思想、建筑改变人类生活的空间、城市与社会。

据说黑川纪章办公室的墙上挂着一对武士刀，相当地显眼，或许这可以代表他的人生哲学吧！

图 4-19

国立新美术馆俯瞰一景

从「三高」到「三低」：我们需要什么样的建筑

现任的台北市市长柯文哲说，如果远雄没通过安检，不排除拆除巨蛋。[①]但是拆或不拆，有没有对于整个城市建筑的思考？

我很喜欢阅读日本的建筑相关书籍，也喜欢在日本各地欣赏建筑家的作品。走过东京的不同角落，可以看到丹下健三、安藤忠雄、伊东丰雄、黑川纪章、隈研吾等不同世代建筑师的杰作。

现代建筑在日本发挥得淋漓尽致，我的意思是，日本人接受现代的建筑之后，不仅可以学西方人盖相同样式的建筑，还可以吸收建筑理论、艺术和概念，之后反刍、转化，结合自身的想法，并且在世界的建筑界中大放异彩。

丹下健三、桢文彦、安藤忠雄、妹岛和世接连获得普利兹克

① 2015年台北市政府安检大巨蛋工程（开发商为远雄集团），提出工程存在建筑体量过大导致灾害风险剧增等五大问题，有碍民众逃生和灾害抢救。——编者注

建筑奖，不单说明了他们熟稔于现代的建筑形式，还通过自身的思考，影响西方的建筑。

三低主义

社会学者三浦展（《下流社会》的作者）和建筑家隈研吾以对话的形式出版了《三低主义》一书，讨论从“三高”到“三低”，社会如何发展，通过建筑看见社会，并且思考社会形态所反应的建筑形式。

“三高”当然不是时下的用语，指男性的高、富、帅或女性的白、富、美，也不是关于健康的危险状况，高血脂、高胆固醇、高血糖。三浦展言简意赅地指出以往都市和建筑的思考，点出了“三高”：

以“伟大”为课题，所以是“高压”的。

到了近代，就变成“高层”的建筑是好的。

一到后现代，在思想上“高尚”的建筑，也受到欢迎。

如果我们不希望建筑是伟大、高层、高尚的，不希望是必须抬头往上看的，那我们这个时代需要什么样的建筑呢？

低价格、低姿势、低依存是比较好的选择。选择汽车也是相同的道理，如果高马力、高价格、高油耗的奔驰能够换成低价格、低成本、低油耗的车子，比较符合这个时代的精神。

我们如果用比较学术一点的字眼，这就是“进步主义”的结束：在物质生产上，不求大规模扩张；在经济发展上，不求 GDP 的高速增长；在政治人物的选择上，总统或总理每天搭公共汽车上下班也很好；在食物生产上，不仰赖大规模的养殖与长途运输，而回归时令与当季食材。

从“三高”到“三低”

建筑上，像是台北 101 那样高大又巍峨的大楼，令人望之却步，那象征着城市的“进步”吗？顶新就是用黑心油换取入主 101 的经营权，这是我们要的“进步”吗？

从日本战后建筑的发展来说，第一代的大师丹下健三的建筑反映当时经济与技术高度增长的概念，大规模的都市计划随之大量增加，但在经济泡沫化后，很多建筑却因为不符时代的发展而被拆除了。

建筑反映时代，时代也反映建筑。

能够感受到新的时代趋向的是安藤忠雄，他不是丹下大师的弟子，以自修的方式出道，不再强调高大的建筑、昂贵的材质，而是采用仓库或是工厂素材的清水混凝土，并且重新回收利用旧的建筑，使它们重生，像是东京上野的国际童书博物馆或表参道的同润会公寓。

回收旧建筑再利用本身就是一种“低”的概念，检视自己的需求，不再浪费过多的资源。

在“低”的反省下，连战后建筑师第二代的黑川纪章所盖的国立新美术馆，也是从旧的陆军营舍改造成新的建筑（前文已经介绍）。

城市需要怎样的建筑呢?

美国大都市在第二次世界大战后也经历了生与死。简·雅各布斯（Jane Jacobs）有名的著作《美国大城市的死与生》（*The Death and Life of Great American Cities*）中指出，要建立都市地景“乱中有序”的视觉秩序（而非死守单调重复的几何秩序），要在既有的城市基础上，奠定重建的具体策略（而非夷平式的另起炉灶），并思考都市计划和都市更新在行政组织方面的结构问题。我们的城市还需要高楼大厦吗?或是利用原有空间加以改造就可以了呢?

马英九和郝龙斌不断地摧毁台北市的人文景观，夷平式的都市更新是最为粗暴且不注重人文和城市历史的方式。

我高中时候常去的光华商场，总让我有在桥下旧书摊寻宝的快乐；还有小时候曾经去过的台北圆环，则是吃卤肉和鸡肉卷最有味道的地方。它们都在不注重城市纹理的更新中消失了。

光在那里就快乐的街区

高价格、高姿势、高风险的“三高”城市不是宜居和可爱的城市。而三浦展和隈研吾的“三低”：低价格、低姿势、低依存的都市，具体来说是什么呢？

举例来说：街道的居民依邻里互助的精神，清洁自己的环境，在自家前整理一个小花园，在附近就可以买到当日手作的豆腐和郊区农场所种植的蔬菜；通过自行车、公交车就可以来往家和工作的场所或学校，而不用靠名贵的私家车；视线所及不是抬头向上看的大楼，而是不具压迫感且每间风格互异的房子。

“光在那里就快乐的街区”必须从小现象打造、从情感层面思考空间，只靠铺设平整的马路或盖大楼，绝对无法满足这样的想法。

建筑的低或空间的小，不是指尺寸，而是富田玲子的著作《小建筑》所说的：

> “小建筑”的意涵，并非指规模或尺寸小的建筑，而是与人的天生五感能够互动、感知、延伸的建筑，或者说是与我们身心相容的建筑，而不是令人觉得渺小、感到孤立不安的建筑。（《摆荡在三低与三高之间》，陈永兴译）

如果大巨蛋无法通过安检，就拆了吧！

小时候，我在光复小学上课，每天会经过巨蛋前的那块地，没有什么高耸的建筑，看得到城市的蓝天，往当时的信义计划区走去，还有一些绿油油的稻田。从那个时候到现在，台北盖了很多房子，但是劳工的薪资还是一样，所以盖那么多房子，民众的生活和收入有更好吗？

如果没有，我们是否需要不同的建筑和思考呢？

东京的终点：杂司谷灵园、鬼子母神

我一直觉得东京是座相当有“层次感”的城市，不仅在建筑上可以看到层次，在速度和生死之间也可以看到层次。

时空交错的城市

建筑层次的构造来自历史堆积，一代一代的建筑、人物和文化在这个城市层层叠叠交错着。一栋新式的西式大楼后，可能就是有上百年历史的古刹。东京人就这样与传统共存，在不同时代的建筑之中生活着。

而速度的层次来自不同交通工具，在东京站看到的列车，有高速的新干线、特急列车、快速列车；地下还有盘根错节的地下铁。日本人对于列车的爱好，除了实用性功能，还具备仪式与美学上的爱好。香港作家汤祯兆相当准确地指出新干线在文化上的意涵："它指涉的仪式，还包括那种绝尘而去划破长空的快感，制造出一种异度空间来。""外表的前卫造型，成为一种物质上进化的标记。"

速度上的一端是新干线，是先进、进步的象征；另一端则是缓慢的电车。二十世纪初，随着东京现代化，多条路面电车开始兴建，当时东京的路面电车网相当复杂，有如现在的地下铁网络。列车的速度与现在的地下铁相较，显得缓慢许多，当叮叮声响穿过市区，充满明治或是昭和时代的氛围，因此在很多电影中，路面电车似乎成为一个时代的印记。

老东京

东京目前留存两条路面电车：都电荒川线、世田谷线。荒川线联结三之轮桥与早稻田，穿越东京较为老旧的社区，一般称之为"下町"，与建筑风格前卫的表参道、六本木和汐留不同，这里带着"老东京"的气氛。

"老"是一种生活的步调，是一种街区展现的气氛。蜿蜒的街区，每走几步路就是一间神社，转角就是一间古寺。居民们的穿着也称不上时尚，没有西装笔挺的上班族，也没有行色匆匆、穿着入时的 OL①。总看见脚踏拖鞋、身着浴衣的居民，带着小孩

① OL 即 Office Lady 的缩写，指办公室女职员、白领女性。——编者注

图 4-20

都电荒川线

的妈妈，或是已逾退休之龄的老者，带着一种悠闲的气氛、一股生活的感觉。

鬼子母神

有次到东京开会，我留下一两日想搭一趟都电荒川线。从住宿的旅馆出来后，我搭上山手线，没有几站就到了大冢，再搭都电荒川线。当天的散步从荒川线的“鬼子母神前”开始，由鬼子母神前的表参道，经鬼子母神堂往南越过都电的铁道，行经杂司谷灵园，拜访昭和时期大文豪们的永眠之处。

鬼子母神的故事十分有趣，源自印度的诃利帝母。诃利帝母有五百名子女，象征着多产，为了养活子女，她杀害人间的婴孩作为食物。佛祖将她最小的儿子带走。鬼子母发现孩子不见了，最后向佛祖求救，发誓永不再杀害人间的小孩，成为一个保护小孩的神祇。

我拜访时是八月底，早晚已经有了秋意，然而接近中午时，天气还是相当炎热，走进鬼子母神的表参道，沿路两旁有大树。我参拜之后，坐在树下休息。

鬼子母神前的参道上，有一间类似台湾早期的柑仔店，招牌写着“上川口屋”，创业于天明元年（一七八一年），可以说是日本最古老的“驮果子屋”。什么是“驮果子屋”呢？主要是贩卖糖果的小店。在鬼子母神堂的参道上，一间保护小孩的寺庙前，这样的糖果屋真是再适合不过了。

墓园散步

离开了鬼子母神堂，我穿过东京音乐大学，走到了杂司谷。

我看着灵园的地图，想找夏目漱石的墓。但墓碑样子看起来都差不多，很难辨认得出来。不久看到一组人拿着摄影机拍摄，进行采访，向前走去，果然看到墓碑写着：“文献院古道漱石居士。”（夏目漱石死后也不寂寞啊……）

图 4-21

鬼子母神堂

图 4-22
鬼子母神堂清幽的庭院

我在小小的墓园晃了一圈，记者向我凑过来，询问我的来意，我用日文表明了我台湾人的身份，并且喜欢读夏目漱石的书，来此表达缅怀之意。

走出墓园，我想起读过的《我是猫》《心》和《少爷》等作品。夏目漱石不是个早慧的作家，三十八岁时发表第一部小说，在四十九岁时就去世，仅仅十一年的创作岁月，却在当时及其后的文坛上都享有盛名。

夏目漱石居住在都电荒川线的尽头早稻田附近，所居住的那

图 4-23

夏目漱石之墓

条街后来改名为“夏目通”。他从小就过继给别人当养子，在继父与原生家庭里都过着不快乐的日子。或许如此，他一直为抑郁症所困扰，也有暴力倾向。太太夏目镜子在《漱石的回忆》中就将他古怪的脾气揭露出来，他会对家人大呼小叫，有时还拳脚相向。我突然想起以前日币一千元的纸钞上印着夏目漱石的半身像，从其表情来看，似乎真的是个不快乐的人。

漱石死后，葬在离家不远的杂司谷灵园，这里还埋葬着永井荷风、竹久梦二和泉镜花等作家，可以说是世代文豪的最终归宿。

生与死之间

从灵园离开后，我开始思考一些以往不曾想过的问题，东京这样一个城市如何思考生与死的议题呢？在空间上的布局如何将活人与死人分开？

台北的城市空间规划中，墓园都在城市周边的丘陵与山坡上，很少在城市之中见到大片的墓园。然而，寸土寸金的东京却展现了不一样的空间规划，谷中灵园在日暮里旁，范围有十万平方米，有超过七千座的墓。名画家横山大观、江户德川幕府的最后一代将军德川庆喜等名人都埋葬于此。这些名人的墓碑之前都有解说其生平的石碑，在里头逛一圈，可以增加不少历史知识。

当春天的赏樱季节一到，沿路的樱花装点谷中灵园和杂司谷灵园，这里也成为东京都内的赏樱名所，日本人在灵园之中一边赏樱，一边喝酒唱歌，热闹不已。李清志曾经于《旅行的速度》指出公园化的城市灵园对于东京人的启发：

> 建筑师北川原温则在青山灵园前的路口设计建造了一栋有着“死亡跳板”的大楼，似乎在向忙碌的东京人宣告死亡的无所不在与无可抗拒，强迫世人去面对死亡的现实，并且产生所谓的“终极关怀”。建筑学者亚历山大（Christopher Alexander）也认为，在都会中安排设置小型城市灵园，打破死人与活人间的空间界线，让忙碌都市人可以进入灵园安静冥想，一方面帮助安静忙乱的心灵，一方面也可以思考自己为何忙碌。城市灵园基本上就是一座富宗教哲理的心灵空间。

确实，我在八月末至此，一路行来，沿途树木参天，鬼子母神前还有一株六百年的巨木，整体的气氛清凉而不阴森，而且一进入神社的腹地之中，便感受到这个空间的灵气。

我再次坐上都电荒川线，准备离开，经杂司谷到庚申冢车站，车上的老人纷纷到旁边的巢鸭地藏通购买日常用品，那里已经成了高龄者的购物天堂。附近的大片墓地是死后的居所。这一路，从生到老，由老年步入死亡，死生之间的层次，具体地展现在都电荒川线的沿线。

结语 东京的未来

作为一名消费社会的研究者，三浦展在台湾最有名的一本书《下流社会》，探讨全球化资本主义的当下，中产阶级如何往下层流动的现象。除此之外，他也写一些杂文，我喜欢他的一本杂文《为了大人而写的东京散步介绍》（大人のための东京散步案内）。这里所说的“大人”应该就是指有点年纪的人，中年人以上，我虽然尚未到达这个年纪，心智上却已有这样的感觉了。

三浦展这本讲东京散步的书，以“中年人出外散步，顺便讲古”的方式书写，由于他是研究消费文化的专家，搜集各式各样的情报，这本书也可以视为一本旅游书。商店街、居酒屋、吃茶店、公寓、年轻人的风俗和文化……都是构成东京街头的要素，由于是针对上了年纪的人所写的，也透露出一种怀旧的气氛。

现在的东京街道组成大致上是关东大地震之后所建立的，经过一波一波的都市计划，逐渐形成当下的地景。近来都市计划的最大特点在于成为媒体话题的几个开发案，像六本木之丘、表参道之丘、丸之内、汐留潮边等。通过这样的开发案，形成了一种“岛屿宇宙”的城市地景，按照建筑家铃木博之的说法：“就像是在混沌的都市中，这里那里浮现出一个个岛屿宇宙一般，这些岛屿宇宙就成了人们渴求可以休息与恢复向往的绿洲。”

在东京的不同地方散步，如同在不同个岛屿中闲逛，每一个岛屿都有它特定的族群、特定的消费导向，如秋叶原以电子产品的贩卖为导向，原宿则以 cosplay 的服装和饰品为主，这一块一块不同颜色的拼布，通过山手线串联起来。难怪有人形容东京是一个由村落所形成的都市。在日本，东京不像京都和奈良是具有完整城市规划的历史城市，而是一个一个小聚落结合而成，每个小聚落因为不同的居住情况、历史背景与消费族群，有不同的独特性。

我喜欢东京的“旧”。层层叠叠起来的文化痕迹，也是我在书中所提的“层次感”。下町小巷弄中的城市文化，在规模大小不等且布局疏密适宜的聚落中，容纳着两三百年来的政治活动、民间传统和宗教仪式的活动，每一个转角都有令人意外的惊喜。

我也喜欢东京的“新”。当夜晚的霓虹灯亮起，栉比鳞次、无以计数的人群来来去去，宛如无止无尽的迷宫，光走在其中就有一种蒙眬晕眩的感觉，这大概是人类创造出的幻象极致。

新与旧、过去与现在，于城市中共存着。二〇二〇年的奥运会为这个城市再增添一些新的风采，也会带来不同的刺激。东京的故事将继续写下去，未完待续……

图书在版编目(CIP)数据

东京历史迷走 / 胡川安著. — 上海：上海教育出版社，2020.9
ISBN 978-7-5720-0224-3

Ⅰ. ①东… Ⅱ. ①胡… Ⅲ. ①东京－概况 Ⅳ. ①K931.3

中国版本图书馆CIP数据核字(2020)第132260号

上海市版权局著作权合同登记字号 图字：09-2019-391号
审图号：GS(2020)3820号

责任编辑 林凡凡
封面设计 周清华

东京历史迷走
Dongjing Lishi Mizou
胡川安 著

出版发行 上海教育出版社有限公司
官 网 www.seph.com.cn
地 址 上海永福路123号
邮 编 200031
印 刷 上海盛通时代印刷有限公司
开 本 890×1240 1/32 印张 7
字 数 132千字
版 次 2020年10月第1版
印 次 2020年10月第1次印刷
书 号 ISBN 978-7-5720-0224-3/K·0003
定 价 58.00元

如发现质量问题，读者可向本社调换 电话：021-64377165

孟斎芳虎画